Neoliberalismo

DESMONTE
DO ESTADO SOCIAL

Capa
À esq., de cima para baixo
    Conferência da ONU sobre o Meio Ambiente, 1972
    Bandeira da Grécia
    Símbolo da Comunidade Europeia
    Platão
    Manifestação na crise grega
    FMI
    Welfare State
    John Maynard Keynes
    Fotos de Marco Nedeff, Brasília
À dir., de cima para baixo
    Vaso Grego
    Aristóteles
    Iluminismo
    Fiódor Dostoievski
    Grande Depressão, 1929
    Constituição Federal
    Foto de Marco Nedeff, Brasília
Ao centro:
    Partenon, Atenas

PLAUTO FARACO DE AZEVEDO

Neoliberalismo

DESMONTE
DO ESTADO SOCIAL

Porto Alegre
2018

Libretos

Plauto Faraco de Azevedo

Doutor pela Université Catholique de Louvain, tendo sido sua tese – *Recherches sur la justification de l'application du droit étranger chez les Anglo-Américains et leurs antécédents Hollandais* – publicada pelo Centre de Droit International desta Universidade e prefaciada pelo eminente Professor François Rigaux, em 1971.

O autor é professor aposentado da Faculdade de Direito da UFRGS. Ex-pesquisador do CNPq. Ex-professor da Faculdade de Direito da PUCRS. É professor da Faculdade de Direito da Fundação Escola Superior do Ministério Público do RS – FMP, na Graduação e no Mestrado.

PARTE I

Contexto histórico

Capítulo I

Evolução político-jurídica

Introdução 13

O direito natural na gênese
dos direitos fundamentais 14

Dos direitos naturais aos direitos humanos 19

O Código Civil francês de 1804
e a interpretação do Direito 21

Capítulo II

Construção histórica do liberalismo

Democracia liberal na América do Norte e França 27

Liberalismo econômico e
a "mão invisível do mercado" 31

A base teórica do liberalismo 34

O surgimento do capitalismo 37

A influência inglesa no liberalismo 42

O Estado Mínimo e o privilégio dos poderosos 45

Capítulo III
Estado do Bem-Estar Social

A construção progressiva do Estado
do Bem-Estar Social...51

A importância crucial do direito ao meio ambiente..............59

O neoliberalismo e a prevalência do mercado.......................61

Os enciclopedistas franceses..64

Do voto censitário ao Estado do Bem-Estar Social...............67

O neoliberalismo *versus*
direitos fundamentais sociais..72

Capítulo IV
Estado mínimo

Necessidade de uma formação jurídica ampla.......................77

A "ciência econômica" e
os custos sociais e ambientais...82

A crise mundial e o problema ecológico.................................87

Mundo da economia e mundo humano..................................91

A falácia de uma repetição do liberalismo..............................96

A globalização neoliberal
e o "pensamento único" 102

A sociedade dos "vinte por oitenta"....................................... 104

PARTE II
Agressão à Democracia

Capítulo I
Desvirtuamento do poder estatal

A globalização neoliberal e a legalização da tortura
nos Estados Unidos (2006) 113

A atuação da mídia.. 117

Capítulo II
Exclusão social e ameaça à vida

A mensagem neoliberal:
exclusão social e desemprego.. 123

Necessidade de superar a concepção positivista 126

A crise da ética ameaça a vida 130

Desconsideração da natureza
e da felicidade humana 137

O consumismo
e o autoconhecimento do homem... 139

Autocompreensão do homem
e a literatura.. 145

Capítulo III

Fortalecimento do neoliberalismo

O crescimento econômico e
a arte de ignorar os pobres 153

A propaganda capitalista neoliberal 156

A maldade da economia neoliberal 162

A globalização neoliberal 164

A influência neoliberal na União Europeia 167

A dramática situação grega 170

Malefícios do neoliberalismo 178

Capítulo IV

Democracia em risco

Democracia *versus* oligarquia multinacional 181

Bibliografia 187

PARTE I

CONTEXTO HISTÓRICO

Capítulo I

EVOLUÇÃO POLÍTICO-JURÍDICA

Introdução

Vivemos em um mundo globalizado, cuja ideologia neoliberal tem conduzido ao Estado Social cada vez me nor. Impera a busca do crescimento econômico ilimitado, agredindo-se irresponsavelmente o meio ambiente. Os meios de comunicação dominantes, imantados pelo di nheiro, anestesiam a consciência humana.

Os direitos fundamentais sociais são descurados mundialmente. É indispensável que a reflexão jurídica supere as limitações analítico-descritivas, enfatizando seu aspecto crítico-valorativo. O autêntico estudo do direito deve ser sensível ao quadro histórico em que se insere, unindo suas diferentes perspectivas, ao invés de cindi-las em nome de uma pseudociência do direito.

As presentes reflexões buscam contribuir para o respeito da dignidade humana, evidenciando a interligação de várias linhas do pensamento – jurídico, político, eco nômico, filosófico e moral – sucessivamente caracterizadas como direitos naturais, direitos humanos e direitos fundamentais.

O direito natural na gênese dos direitos fundamentais

A ideia do direito natural surgiu de várias formas, nos últimos 2.500 anos[1]. Desde o seu surgimento até princípios do século XIX, "pode dizer-se que toda a Filosofia do Direito foi a doutrina do Direito Natural"[2]. Filósofos, jusfilósofos e pensadores políticos têm buscado a existência de "um direito baseado no mais íntimo da natureza do homem", como medida destinada a aferir a legitimidade de toda e qualquer forma do direito positivo[3].

O primeiro registro inconteste do direito natural, no Ocidente, encontra-se no episódio de Antígona, descrito por Sófocles na tragédia do mesmo nome, no século V A.C., tendo Polinice, irmão de Antígona, se rebelado contra o rei Creonte. Ordenou este que não se desse sepultura ao insurreto. Ocorre que sepultar os mortos constituía um dever indeclinável, prescrito pela lei sagrada, cuja desobediência acarretaria a maldição e o castigo divinos. Diante desta contradição de mandamentos – o temporal e o divino –, Antígona decide-se pelo último. In-

---

1. FRIEDMANN, W. *Legal Theory*. 5ª ed. London: Stevens, 1967. p. 95.
2. RADBRUCH, Gustav. *Filosofia do direito*. Trad. e pref. de L. Cabral de Moncada. 4ª ed. rev. aum. Coimbra: Arménio Amado, 1961. p. 69-70.
3. BODENHEIMER, EDGAR. *Teoria del derecho*. México: Fondo de Cultura Económica, 1942. p. 125

terpelada pelo rei, diz que a ordem não emanou do Sumo Zeus, acrescentando que não podia entender "que um decreto de rei ou ato humano infirme inolvidáveis leis, eternas, não escritas [...que] não *são d'ontem nem d'hoje; estranhas são às datas. Têm existido sempre, imutáveis, inatas*"[4].

Neste conflito entre duas ordens acha-se a origem do direito natural. Foram os gregos os primeiros a referi-lo e a discuti-lo. Devido à variabilidade das normas jurídicas, pela qual um povo desaprova o que outro sanciona, vieram a perguntar se "o direito e a justiça eram meros produtos da convenção, da utilidade ou da conveniência, ou se, detrás desta diversidade, haveria alguns princípios gerais orientadores, permanentes e uniformes de justiça com validade extensiva a todos os tempos e a todos os povos"[5].

---

4. SÓFOCLES. *Antígona*. Trad. de Barão de Paranapiacaba. Rio de Janeiro: E. Bevilacqua, 1909. Cf. MATA-MACHADO, Edgar. *Elementos de teoria geral do direito*. Belo Horizonte: Ed. Vega, 1972. p. 60,66. O grifo é do autor.
5. BODENHEIMER, Edgar. *Teoria del derecho*. Trad. de Vicente Herrero. México: Fondo de Cultura Económica, 1942. p. 126. Como bem afirma este autor, "*...la mayoría de los filósofos más destacados de la antigua Grecia ...creían que hay ciertos elementos en la naturaleza humana que son los mismos en todos los tiempos y todos los pueblos, y que esos elementos encontraban su expresión en el Derecho. Las normas jurídicas fundadas en essas cualidades generales y naturales de la especie humana eran, en su opinión, de carácter permanente y validez universal. Denominaron a este elemento permanente y universal del Derecho physis (naturaleza). Era expresión de la constitución física, mental y moral común a todos los hombres. Contrastaron este elemento permanente y universal del Derecho con otro, inestable y variable, que era simplemente el producto de un acuerdo o conveniencia temporal de una determinada comunidad política. Denominaron a este elemento nomos (convención, norma creada por el hombre). Physis representaba para ellos la necesidad basada en causas naturales, en tanto que nomos significaba la acción libre y arbitraria de un legislador humano.*" BODENHEIMER, Edgar. *Teoria del derecho*, p. 127-128. A este respeito, AZEVEDO, Plauto Faraco de. *Limites e justificação do poder do Estado*. 2ª ed. rev. atual. São Paulo; Revista dos Tribunais, 2014. p. 51-52.

A segunda geração de sofistas[6], com o distanciamento que tinha da *polis*, porque vinha, de modo geral, do estrangeiro, defendia noções de direito natural revolucionárias para a época, apresentando suas ideias "numerosos pontos de contato com os defensores do direito natural revolucionário do Iluminismo, particularmente com os partidários das teorias rousseaunianas e sua impiedosa crítica da sociedade"[7].

Contrariamente à concepção de Aristóteles, segundo a qual o escravo, apesar de ser um homem, era considerado "coisa de outrem", objeto de propriedade, "instrumento de ação separado do proprietário"[8], os sofistas utilizaram-se da *physis*[9] para criticar duramente não só a escravatura como a desigualdade entre gregos e "bárbaros" e a inferioridade jurídica da mulher[10]. Valendo-se da oposição entre justo por natureza e justo conforme a lei, "fizeram germinar a ideia dos direitos do homem e o conceito de humanidade". Afirmaram "que as leis em vigor são criações artificiais e servem a interesses de classe". Estabelece-

---

6. MATA-MACHADO, Edgar de Godoi da, *op. cit.*, p. 61. "A sofística foi a direção filosófica seguida pelos sofistas, isto é, os professores gregos de retórica ou de cultura geral que entre os séculos V e IV AC tiveram uma notável influência no clima intelectual dessa época." ABBAGNANO, Nicola. *Diccionario de filosofia*. México: Fondo de Cultura Económica, 1974. p. 1093.
7. ROMMEN, Heinrich. *L'eterno ritorno del diritto naturale* (Die Ewige Wiederkehr des Naturrechts) Trad. e pref. per Giovanni Ambrosetti. Roma: Studium, 1965. p. 7.
8. ARISTOTE. *La politique*. Introd., notes et index par J. Tricot. 2.éd. Paris: Librarie Philosophique J. Vrin, 1970. I, p. 32-49. Aristóteles discorre longamente sobre o tema.
9. O significado da *physis* está referido na nota 6.
10. TRUYOL Y SERRA, Antonio. Fundamentos de derecho natural, reproducción de l'articulo "Derecho Natural" publicado en la *Nueva Enciclopedia Jurídica*. Barcelona: F. Seix, 1949. Cf. Elías, Días. *Sociología y filosofía del derecho*. ▶

ram "a ideia da liberdade e da igualdade natural de todos os homens e, em consequência, dos direitos do homem e da *civitas maxima*, a qual, abrangendo toda a humanidade, revelava-se superior à ideia da *polis*. Era esta uma realidade acidental, originando-se de uma decisão humana, isto é, de um contrato estipulado livremente e não de uma necessidade natural"[11].

A concepção do direito natural engloba todas as doutrinas que afirmam a existência de regras jurídicas extra e suprapositivas[12], que historicamente têm tido por fim visualizar o direito positivo do ponto de vista crítico-valorativo, não se restringindo à sua validade formal, mas buscando aferir a legitimidade de toda e qualquer forma de direito positivo[13].

A continuidade histórica do direito natural evidencia-se no racionalismo individualista, culminando no Século das Luzes (século XVIII), em cuja construção político-jurídica foi fundamental a contribuição de John Locke. Em seu *Tratado sobre o Governo*, afirma não ser o contrato social que os homens "celebram entre eles" o único fundamento das relações jurídicas entre os homens, pois "semelhantes vínculos contratuais são precedidos por

---

▶ Madrid: Taurus, 1976. p. 284-5. Sobre a evolução do significado da *physis* (natureza), vide Peters, F. E. *Termos filosóficos gregos. Um léxico histórico*. Prefácio de Miguel Baptista Pereira. Tradução de Beatriz Rodrigues Barbosa. Lisboa: Fundação Calouste Gulbenkian, 1977. Greek Philosophical Terms. A Historical Lexicon. p. 189-191.
11. ROMMEN, Heinrich, *op. cit.*, p. 8.
12. EISENMANN, Charles. "Le juriste et le droit naturel ». In : *Annales de philosophie politique*. Paris : Presses Universitaires de France, 1959, v.3, p. 206.
13. BODENHEIMER, Edgar, *op. cit.* p. 127-128.

vínculos originários, que não foram criados pelo contrato nem por ele podem ser eliminados. Existem *direitos naturais* do homem, anteriores a toda formação de sociedades ou Estados", sendo "a função própria e o fim essencial do Estado acolhê-los em sua ordem jurídica e, por meio dela, protegê-los e garanti-los". Entre os direitos naturais do homem, destacam-se os relativos à liberdade pessoal e à propriedade[14].

---

14. CASSIRER, Ernst. *Filosofía de la Ilustración*. Trad. Eugenio Ímaz. 3ª ed. rev. México: Fondo de Cultura Económica, 1972. p 278. Philosophie der Aufklärung.

Dos direitos naturais aos direitos humanos

A filosofia francesa do século XVIII "não inventou a ideia dos direitos inalienáveis, mas foi a primeira a convertê-los em um verdadeiro *evangelho moral*, defendendo-a e propagando-a entusiasticamente". Essa propaganda apaixonada introduziu a ideia dos direitos inalienáveis na vida política real, dotando-os de "força de choque e de explosão que se revelou nos dias da Revolução [Francesa]", exprimindo-se na *Declaração dos Direitos do Homem e do Cidadão*, de 26 de agosto de 1789, que os difundiu pelo mundo[15].

A partir de então, os direitos naturais passam a denominar-se *direitos humanos*, servindo de instrumental dinâmico e eficiente da burguesia contra os estamentos feudais para a construção de uma nova ordem político-jurídica, fundamentando o Estado burguês. Garantindo este uma esfera de livre atuação aos indivíduos, lhes assegura a igualdade formal perante a lei e a liberdade em

---

15. CASSIRER, Ernst. *Filosofia de la Ilustración*. Trad. Eugenio Ímaz. 3ª ed. rev. México: Fondo de Cultura Económica, 1972. p 278. Philosophie der Aufklärung.

múltiplos aspectos – de crença, religião, comunicação, imprensa, contrato e propriedade, sendo esta considerada "direito inviolável e sagrado"[16]. Na medida em que tais direitos passam a integrar a Constituição Francesa de 1791, tendo como preâmbulo a Declaração dos Direitos do Homem e do Cidadão, de 1789, cria-se o Estado Constitucional, autolimitado, estruturado em obediência à *separação dos poderes*, conforme a teoria de Montesquieu[17], sendo a lei "expressão da vontade geral" em conformidade com o pensamento de Rousseau[18].

---

16. Declaração dos Direitos do Homem e do Cidadão, art. 17: "Sendo a propriedade um direito inviolável e sagrado, ninguém pode ser dela privado a não ser quando a necessidade pública, legalmente verificada, o exigir de modo evidente, e sob a condição de uma justa e prévia indenização". COMPARATO, Fabio Konder. *A afirmação histórica dos direitos humanos*. 7ª ed rev. atual. São Paulo: Saraiva, 2010. p. 170-172. Original francês: "La propriété étant un droit inviolable et sacré, nul ne peut en être privé, si ce n'est lorsque la nécessité publique, légalement constatée, l'exige évidemment et sous la condition d'une juste et préalable indemnité." DECAUX, Emmanuel, org. *Les grands textes internationaux des droits de l'homme*. Paris: La Documentation française, 2008. p. 17.
17. Embora, no capítulo 6 do livro II do Espírito das Leis, Montesquieu tenha usado a expressão "separação de poderes", a interpretação sistemática do texto aponta para uma combinação ou interligação dos poderes do Estado e não para a sua separação. ALTHUSSER, Louis. Montesquieu. *A política e a história*. Trad. de Luz Cury e Luisa Costa. Lisboa : Presença, 1972. p. 129-132. Original: Montesquieu. La politique et l'histoire.
18. Sobre o pensamento político de Jean-Jacques Rousseau, de modo geral e, em particular sobre a "vontade geral", ver a extraordinária análise feita por COMPARATO, Fabio Konder. *Ética: direito, moral e religião no mundo moderno*. São Paulo: Companhia das Letras, 2006. p. 228-269.

O Código Civil francês de 1804 e a interpretação do Direito

Com o positivismo consequente ao Iluminismo, deve-se lembrar o surgimento do Código Civil francês de 1804, chamado Código de Napoleão, assim como da Escola da Exegese, criadora do positivismo legalista, interditando a interpretação da lei, exceto para aferir-se a vontade do legislador. Qualquer "inovação judicial" que não se lhe ajustasse deveria ser rejeitada[19].

Para compreender-se o motivo desta severa vedação, há que se ter em mente que o Código Civil de 1804 trouxe a segurança jurídica, inexistente no Antigo Regime. Representou "a supremacia da lei sobre os costumes através de um sistema de disposições congruentemente articuladas", propiciando o surgimento de "um *Direito nacional*, um Direito único para cada Nação". Com este Código, a

---

19. BONNECASE, Julien. Introduction à l'étude du droit. 2e.ed. augmentée Paris : Recueil Sirey, 1931. p. 181 et suivantes ; AZEVEDO, Plauto Faraco de. Justiça distributiva e aplicação do direito. Porto Alegre: Fabris, 1983. p. 95-122 ; _____Crítica à dogmática e hermenêutica jurídica. 2ª ed. rev. atual. ampl. Porto Alegre: Fabris, 2015. p. 16-27, 80-95 ; _____Método e hermenêutica material no direito. Porto Alegre : Livraria do Advogado, 1999. p. 9-76, passim._____Aplicação do direito e contexto social. 3ª ed. rev. atual. ampl. São Paulo: Revista dos Tribunais, 2014. p. 36-52, passim.

Ciência do Direito pôde atingir "notável grau de sistematização", tendo exercido influência em muitos Estados. Se é certo que não mais se pode admitir a redução do direito à lei, não é possível esquecer "os benefícios que a Escola da Exegese trouxe para o Direito, do ponto de vista da clarificação dos conceitos, da disciplina dos institutos jurídicos e de sua sistematização lógica"[20].

Mas, como ressalta Miguel Reale, da Revolução Francesa, via Escola da Exegese, indiretamente resultou um divórcio insustentável, consistente em um "verdadeiro dualismo ou [em] uma justaposição de perspectivas, como se houvesse um direito para o jurista e outro para o filósofo[...] sem que a tarefa de um repercutisse, de maneira direta e permanente, na do outro". Se não há dúvida sobre a importância da contribuição da Escola da Exegese, dos Pandectistas germânicos e da Analytical School (John Austin) relativamente ao aprimoramento dos conceitos técnicos, é necessário lembrar que, "como muitas vezes sói acontecer, *o aparelhamento conceitual passou a valer em si e por si*, esterilizando-se em esquemas fixos, enquanto a vida prosseguia, sofrendo aceleradas mutações em seus centros de interesse"[21].

O positivismo exegético-legalista fez com que a problemática da justiça fosse banida do pensamento do juris-

---

20. REALE, Miguel. *Lições preliminares de direito*. 27ª ed. São Paulo: Saraiva, 2002. p. 152-153.
21. REALE, Miguel. *Teoria tridimensional do direito*. 2ª ed. revisada. São Paulo: Saraiva, 1979. p. 36. O grifo é do autor.

ta, tendo sido deixada a cargo dos filósofos, separada da vida do Direito[22].

Como aponta Paolo Grossi, uma solução historicamente situada, com coordenadas políticas bem definidas, tornava-se uma solução para todos os tempos, engessando o direito e tolhendo de modo absoluto o poder criativo do juiz. Compreendendo a importância do direito, o detentor do poder político "atribuiu-se a sua produção, estabelecendo um rígido monopólio sobre ela", compelindo a experiência jurídica a coincidir com o Estado, tendo sido o jurista "relegado à categoria de exegeta com uma função meramente passiva"[23]. A Escola da Exegese é, pois, o espelho de uma época e de uma situação histórica bem definida[24].

Em suma, esta atitude doutrinária era tão só justificável no século XIX, com a generalização das técnicas das codificações, que asseguravam a segurança jurídica, de que precisava a burguesia vitoriosa para produzir e comerciar livremente.

---

22. AZEVEDO, Plauto Faraco de. Juiz e direito rumo a uma hermenêutica material. In : *Método e hermenêutica material no direito*. Porto Alegre : Livraria do Advogado, 1999. p. 13-27 ; _____*Crítica à dogmática e hermenêutica jurídica*. 2ª ed. rev. atual. ampl. Porto Alegre: Fabris, 2015 ; _____ *Justiça distributiva e aplicação do direito*. Porto Alegre: Fabris, 1983.
23. Grossi, Paolo. *Absolutismo jurídico y derecho privado en el siglo XIX*. Barcelona: Universidad Autónoma de Barcelona, 1991. p. 12-4.
24. AZEVEDO, Plauto Faraco de. *Justiça distributiva e aplicação do direito*. Porto Alegre: Fabris, 1998. p. 105-108.

Capítulo II

CONSTRUÇÃO HISTÓRICA DO LIBERALISMO

Democracia liberal
na América do Norte e França

Voltando às declarações de direitos humanos, deve-se lembrar que, na segunda metade do século XVIII, alguns Estados da América do Norte formularam as primeiras constituições escritas da época moderna, dentre as quais a Declaração de Virgínia, de 12 de junho de 1776, e a da Pennsylvania, de 16 de agosto de 1776. Como anota Comparato:

> "Os *bill of rights* norte-americanos são essencialmente declarações de direitos individuais. O pensamento político-jurídico norte-americano permaneceu, aliás, até hoje, vinculado a essa fase histórica, sem aceitar a evolução posterior, no sentido de uma afirmação dos direitos sociais e dos direitos da humanidade. É preciso, no entanto, assinalar que nesse campo dos direitos individuais os norte-americanos foram incontestavelmente pioneiros".[25]

---

25. COMPARATO, Fabio Konder. *A afirmação histórica dos direitos humanos*, p. 123-124.

No fim desse século, o constitucionalismo atinge sua culminância com a Constituição dos Estados Unidos da América (1787) e a Constituição Francesa (1791).

Essas constituições são a expressão jurídica do liberalismo, nascido no século XVIII como reação ao absolutismo real, cuja mais antiga manifestação ocidental encontra-se na Magna Carta, de 1215.

> "Se a Magna Carta contribuiu, em um primeiro momento, para reforçar o regime feudal, ela já trazia em si o germe de sua definitiva destruição, a longo prazo. O sentido inovador do documento consistiu, justamente, no fato de a declaração régia reconhecer que os direitos próprios dos dois estamentos livres – a nobreza e o clero – existiam independentemente do consentimento do monarca, e não podiam, por conseguinte, ser modificados por ele. Aí está *a pedra angular para a construção da democracia moderna:* o poder dos governantes passa a ser limitado, não apenas por normas superiores, fundadas no costume ou na religião, mas também por direitos subjetivos dos governados".[26]

Como bem esclarece Perez Luño,

> "O artigo 39 da Magna Carta, que estabelece solenemente que nenhum homem livre seria detido ou desapossado de seus bens sem julgamento prévio, seria, quatro séculos mais tarde, o ponto de partida do *Petition of Rights*, de 1628, e também do *Habeas Corpus*, de 1679, que até hoje garante a liberdade pessoal do cidadão inglês. Dez anos depois, com o *Bill of Rights* (1689), promulgado pelo Parlamento

---

26. *Ibid.*, 92. O grifo é do autor.

e sancionado por Guilherme de Orange, pode-se considerar que termina este ciclo de documentos ingleses cuja positivação começa com a Magna Carta".

A experiência inglesa relativa a essas declarações de direitos prolonga-se pelas colônias americanas, "sob condições diferentes". Se os textos norte-americanos relativos aos direitos humanos (especialmente a Declaração de Independência e a Declaração de Direitos do Bom Povo de Virgínia, ambos de 1776) "revelam os pressupostos jusnaturalistas e individualistas que os inspiram, os direitos reconhecidos nessas Declarações, relativos à liberdade, à propriedade e à busca da felicidade referem-se a todos os indivíduos, em decorrência do mero fato de seu nascimento". São "faculdades universais, absolutas, invioláveis e imprescritíveis [...] que o direito positivo não pode contradizer, mas deve reconhecer ou *declarar* e garantir"[27].

Lendo essas Declarações, percebe-se que tinha razão Edgar Bodenheimer ao afirmar que da Escola Clássica do Direito Natural Iluminista derivam, em boa parte, "as pedras fundamentais sobre que se ergueu o arcabouço jurídico da moderna civilização ocidental". Dentre suas múltiplas contribuições, enumeram-se a liberdade de movimento e de vocação profissional; o início de uma era de liberdade espiritual e religiosa; a eliminação da tortura e a humanização da pena, no direito penal; o fim dos julgamentos por bruxaria; a busca da segurança jurídica e

---

27. PEREZ LUÑO, Antonio E. *Los derechos fundamentales.* 7ª ed. Madrid: Tecnos, 1998. p. 34-36. Grifo do autor.

o princípio da igualdade perante a lei, a elaboração dos princípios gerais do direito internacional[28].

Como escreve Fabio Konder Comparato, a democracia moderna surge quase ao mesmo tempo na América do Norte e na França, tendo sido "a fórmula política encontrada pela burguesia para extinguir os privilégios dos dois principais estamentos do *ancien régime* – o clero e a nobreza – e tornar o governo responsável perante a classe burguesa. *O espírito original da democracia moderna não foi portanto a defesa do povo pobre contra a minoria rica*, mas sim a defesa dos proprietários ricos contra um regime de privilégios estamentais e de governo irresponsável". O que houve foi uma limitação geral dos poderes governamentais, "sem qualquer preocupação de defesa da maioria pobre contra a minoria rica".

Continua este autor, assinalando que a geração dos primeiros direitos humanos foi obra de duas "'revoluções', ocorridas em curto espaço de tempo em dois continentes", mas a Revolução Americana foi uma reação aos "abusos e usurpações do poder monárquico", ficando os americanos nesta esfera, não atentando aos direitos sociais, que depois sobrevieram. Já na Revolução Francesa, "o que se quis foi apagar completamente o passado e recomeçar a história do marco zero – reinício muito bem simbolizado pela mudança de calendário"[29].

---

28. BODENHEIMER, Edgar. *Jurisprudence. The philosophy and method of the law.* ed. rev. Cambridge, Mass.: Harvard University Press, 1974. p. 31-59, notad. 57-58. Grifos do autor.
29. COMPARATO, Fábio Konder. *A afirmação histórica dos direitos humanos*, p. 63-65. O grifo é do autor.

Liberalismo econômico e a "mão invisível do mercado"

Apesar da diferença de propósitos, de ambas as revoluções derivou o liberalismo. Seu aspecto político originou a democracia, em que todos são iguais perante a lei, só esta podendo limitar o poder. Já seu aspecto econômico transmitiu a convicção de que a harmonia social somente se realizaria por meio de um mecanismo de regulação única – *o mercado*.

Esta posição foi defendida por Adam Smith, em 1776, na sua obra *Investigação sobre a natureza e as causas das riquezas das nações*. Com o propósito de compreender suas ideias, assim como suas críticas ao mercantilismo e também às ideias dos fisiocratas, é relevante o trabalho de Leo Huberman[30].

Organizado o Estado político, nos séculos XVII e XVIII, as atenções voltaram-se para o aspecto econômico, passando-se a pensar no que seria o melhor para Inglaterra, França ou Holanda. Tendo em vista o interesse pela

---

30. HUBERMAN, Leo. *História da riqueza do homem*. Tradução de Waltensir Dutra. 18ª ed. Rio de Janeiro: Zahar, 1982. p. 127-142. Man's Wordly Goods.

riqueza e pelo poder da nação, elaboraram-se teorias e leis que vieram a ser denominadas "sistema mercantil".

No século XVI, a Espanha possivelmente tenha sido o país mais rico do mundo. Naquela época, isto se explicava apenas pelos tesouros advindos das colônias – ouro e prata –, que alimentavam a economia.

Os governos acreditavam que quanto mais ouro e prata houvesse, tanto mais ricos seriam os países. Editaram-se leis destinadas a reter estes metais nos limites territoriais. Os mercantilistas pensavam que as vendas internacionais deveriam sempre ser maiores do que as compras, devendo a diferença entre importações e exportações ser paga em metal. Era preciso "estimular a indústria por todos os meios possíveis porque seus produtos valiam mais do que os agrícolas, e, por isto, obteriam mais metal nos mercados estrangeiros".

Assim pensando-se, passou-se a conceder prêmios pelos produtos manufaturados para exportação, cobrando-se altos impostos pela importação de produtos manufaturados, chegando os governos a proibir a importação de certos artigos em quaisquer circunstâncias.

Procurava-se, por todos os meios possíveis, atrair os trabalhadores estrangeiros capazes de introduzir no país novos ofícios ou novos métodos de trabalho, concedendo-lhes privilégios, como isenção de impostos, moradia gratuita, monopólio por certo tempo no setor a que se dedicassem e até mesmo empréstimos de capital para adquirir o equipamento necessário.

Os mercantilistas buscaram consolidar o poder e a riqueza nacionais, mas não se descuidaram da produção de cereais "para assegurar alimento ao povo para que estivesse forte, quando chegasse a guerra". Acreditando-se que um país só podia aumentar seu comércio às expensas de outro, fazia-se necessária a redução do comércio e indústria dos Estados rivais, tornando-se, assim, a guerra o fruto da política mercantilista[31].

---

31. HUBERMAN, Leo. *História da riqueza do homem*. Tradução de Waltensir Dutra. 18ª ed. Rio de Janeiro: Zahar, 1982. p. 127-142. Man's Wordly Goods.

A base teórica do liberalismo

Adam Smith teve longa carreira acadêmica, tendo começado como professor de Lógica e Filosofia Moral na Universidade de Glasgow. Smith estudou na França por dois anos. De volta à Inglaterra, consagrou-se à obra de sua vida – *Riqueza das Nações: pesquisa sobre a natureza e as causas da riqueza das nações.* Este livro revela um espírito enciclopédico e, "durante um século, na opinião erudita, [...] nenhuma obra econômica igualou o impacto da *Riqueza das Nações*"[32].

Neste livro, cuja edição difundiu-se larga e longamente, ele criticava seriamente as limitações mercantilistas à liberdade de comércio, tendo em consideração que os comerciantes não mais aceitavam essa doutrina, querendo "uma parte dos enormes lucros das companhias monopolizadoras privilegiadas"[33] de que haviam sido excluídos. Passaram a desejar o comércio livre, o que foi especialmente defendido pelos fisiocratas, na França.

---

32. SANTOS, Hermes dos. Prefácio à edição portuguesa de SMITH, Adam. *Inquérito sobre a natureza e as causas da Riqueza das Nações*. Lisboa: Fundação Calouste Gulbenkian, 2010. p. I-VI.
33. HUBERMAN, Leo, op. cit., p.143.

Como salienta Leo Huberman, era de se esperar que a oposição ao mercantilismo surgisse na França, pois nesse país o controle estatal da indústria atingira seu mais alto nível, cerceado por regulamentos minuciosos que continham uma rede de *pode* e *não pode* inaceitável. O fabricante de tecidos não podia fabricar a fazenda que quisesse e não podia usar ferramentas que entendesse mais adequadas à produção, devendo atentar à forma e ao tamanho legalmente previstos, para o que havia inspetores em permanente vigilância. O governo chegara a regulamentar o comprimento e a largura de cada peça de tecido, assim como o número de fios que deveria conter, tudo isto sendo consagrado pelo selo governamental. E ainda determinava o preço da mercadoria. Estribado em todas essas razões, Adam Smith opunha-se terminantemente ao *mercantilismo*[34].

Já antes de Adam Smith os fisiocratas opunham-se a essa regulamentação excessiva, defendendo a ausência

---

34. HUBERMAN, Leo, *op. cit.*, p. 148; Paulo Sandroni bem sintetiza as características básicas do mercantilismo: é a "doutrina econômica que caracteriza o período histórico da Revolução Comercial (séc. XVI-XVIII), marcado pela desintegração do feudalismo e pela formação dos Estados Nacionais. Defende o acúmulo de divisas em metais preciosos pelo Estado por meio de um comércio exterior de caráter protecionista. Alguns princípios básicos do mercantilismo são: 1) o Estado deve incrementar o bem-estar nacional, ainda que em detrimento de seus vizinhos e colônias; 2) a riqueza da economia nacional depende do aumento da população e do incremento do volume de metais preciosos no país; 3) o comércio exterior deve ser estimulado, pois é por meio de uma balança comercial favorável que se aumenta o estoque de metais preciosos; 4) o comércio e a indústria são mais importantes para a economia nacional que a agricultura. Essa concepção levava a um intenso protecionismo estatal e a uma ampla intervenção do Estado na economia. Uma forte autoridade central era tida como essencial para a expansão dos mercados e para a proteção dos interesses comerciais [...] Os mercantilistas, limitando sua análise ao âmbito da circulação de bens, aprofundaram o conhecimento de questões como as da balança comercial, ▶

de qualquer controle sobre a atividade produtiva. Embora os fisiocratas tivessem se antecipado a Adam Smith, a influência deste foi muito maior. "Na derrubada da teoria mercantilista, seus golpes foram os decisivos."[35]

Um defensor da fisiocracia foi o comerciante francês Vincent de Gournay (1712-1759), fundador da Escola Fisiocrata, que afirmou não compreender que "um cidadão não [pudesse] fazer nem vender nada sem ter comprado o direito disso", tendo ainda que pagar para ser admitido numa corporação de ofício. Querendo que a França se livrasse dessa regulamentação insuportável, Gournay cunhou a famosa frase, que se tornou, à época, o lema dos fisiocratas franceses: *"laissez faire"*, que, em tradução livre, seria "deixem-nos em paz"[36].

▸ das taxas de câmbio e dos movimentos de dinheiro". SANDRONI, Paulo, org. *Novíssimo dicionário de economia*. 12ª ed. São Paulo: ed. Best Seller, 2003. p. 383-384. Ver também neste dicionário Smith, Adam (1723-1790). p. 565-566.

35. HUBERMAN, Leo, *op. cit.*, p. 151.

36. Os "fisiocratas acreditavam acima de tudo na inviolabilidade da propriedade privada, particularmente na propriedade privada da terra. Por isto, acreditavam na liberdade – o direito do indivíduo fazer de sua propriedade o que melhor lhe agradasse, desde que não prejudicasse a outros". Eles abordavam todos os problemas sob o ângulo de seus efeitos na agricultura. Argumentavam ser a terra a única fonte de riqueza e o trabalho na terra o único produtivo. Ademais, afirmavam ser a indústria estéril e a agricultura produtiva. HUBERMAN, Leo, *op. cit.*, p. 148-150.

O surgimento do capitalismo

Examinada a importância da obra de Adam Smith, que foi largamente utilizada para justificar o liberalismo econômico, verdade é que, historicamente, o liberalismo foi possibilitado pela Revolução Comercial, isto é, pela "transição da economia estática e contrária ao lucro dos fins da Idade Média para o dinâmico regime capitalista dos séculos XV e seguintes".

A Revolução Comercial atingiu sua maior amplitude com as grandes descobertas dos séculos XV e XVI. Dentre suas causas, releva o monopólio comercial do Mediterrâneo exercido pelas cidades italianas de Gênova, Pisa e Veneza, o que obrigava a Península Ibérica a pagar altos preços pelas sedas, perfumes, especiarias e tapeçarias importadas da Ásia.

Tal situação cerceava a ambição dos espanhóis e portugueses de tomar parte nos proventos do comércio com o Oriente. Isto os levou à procura de uma nova rota para este comércio, por meio das viagens ultramarinas iniciadas no século XV. Esse empreendimento tornou-se possível devido aos progressos do conhecimento geográfico e à introdução da bússola e do astrolábio. Com o encontro desta rota ultramarina, os portugueses deram início à *primeira grande globalização,* dando-lhe "as proporções de um empreendimento mundial", de que resultou o obscurecimento das cidades comerciais italianas.

Por outra parte, o marinheiro genovês Cristóvão Colombo, crendo na esfericidade da terra, pensou em atingir a Índia pelo Ocidente. Buscou o apoio dos portugueses que o recusaram, o que o levou a dirigir-se aos soberanos espanhóis Fernando e Isabel que apoiaram o seu plano. Em 12 de outubro de 1492, Colombo chegou a uma ilha, hoje integrante do arquipélago das Bahamas, na América Central. Seus descobrimentos constituíram a base das pretensões espanholas à posse de quase todo o novo mundo. Seguiram-se a Colombo os conquistadores, representando a coroa espanhola, dentre eles Cortés no México, e Pizarro no Peru. "Daí resultou a fundação de um vasto império colonial que incluía a atual porção sudoeste dos Estados Unidos, a Flórida, o México, as Antilhas, a América Central e toda a América do Sul, com exceção do Brasil."[37]

Desse contexto histórico resultou um extraordinário aumento do comércio devido ao surgimento de uma variedade de artigos de consumo[38]. Mas o fato mais importante, resultado da conquista das terras de além-mar,

---

37. BURNS, Edward McNall. *História da civilização ocidental.* Trad. de Lorival Gomes Machado, Lourdes Santos Machado e Leonel Vallandro. 3ª ed. rev. atual. Rio de Janeiro: Ed. Globo, 1964. v. 1, p. 487-489.

38. O volume comercial foi acrescido sensivelmente: "às especiarias e tecidos do Oriente haviam se ajuntado as batatas, o tabaco e o milho da América do Norte; o melaço e o rum das Antilhas; o cacau, a quina, os escravos e as penas de avestruz da África". Também produtos, antes obtidos em quantidade ínfima, como o café, o açúcar, o arroz e o algodão, passaram a ser importados e consumidos de tal forma que deixaram de ser mercadorias de luxo. *Ibid.*, p. 489-490.

foi a expansão do suprimento de metais preciosos. Calcula-se que, quando Colombo descobriu a América, a quantidade de ouro e prata, em circulação na Europa, era um quinto do que viria a ser em 1600. Parte destas reservas de metais preciosos fora "fruto das pilhagens feitas pelos espanhóis nos tesouros dos Incas e Astecas, mas o grosso provinha das minas do México, da Bolívia e do Peru". O efeito deste extraordinário aumento das reservas de ouro e prata foi decisivo no desenvolvimento da economia capitalista[39].

Não se pode deixar de referir e salientar que as navegações portuguesas, no início limitadas à colonização das ilhas do Atlântico, só em 1444 chegaram ao delta do rio Senegal, encontrando o ouro da Guiné ao seu alcance. "Mas, ao atingir o Senegal os portugueses não encontraram só ouro, mas uma terrível fonte de renda para financiar sua expansão ultramarina: *começaram a escravizar os nativos da região, que batizaram de 'Terra dos Verdadeiros Negros'.*" Verdade é que "a escravidão comum durante o período greco-romano, havia arrefecido na Europa. Foram os portugueses que reaqueceram o tráfico de escravos, levando cerca de quinhentos cativos por ano para Portugal". O ciclo escravocrata haveria de se refletir, mais tarde, no Brasil[40].

---

39. *Ibid.*, p. 490-491.
40. "O ouro da Guiné revolucionou a economia europeia. A Europa estava carente de metais, e a cunhagem de moedas, que fora suspensa, foi retomada. As novas moedas inglesas foram chamadas 'guinéus'. Mas os lusos logo descobriram que o tráfico de escravos era mais rendoso que o ouro. Eles consideravam os negros descendentes de Ham, o filho amaldiçoado de Noé. A cor era o sinal de maldição e justificava a escravização". BUENO, Eduardo. *Brasil: Terra à vista*. Ilustrações de Edgar Vasques. Porto Alegre: L&PM, 2000. p. 34-35. O grifo é do autor. Como sempre, se busca uma justificação para a maldade humana.

Importante para o funcionamento do capitalismo foi o surgimento do sistema bancário, o qual se tornou possível com o afastamento da condenação da usura, que havia ocasionado seu monopólio pelos muçulmanos e judeus, durante muitos séculos. Só no século XIV "o empréstimo de dinheiro se estabeleceu solidamente como empresa comercial. As verdadeiras fundadoras deste gênero de negócio com mira no lucro foram algumas das grandes casas comerciais das cidades italianas", salientando-se a firma dos Médicis, em Florença. No século XV, os negócios bancários atingiram a Alemanha meridional, a França e os Países Baixos, destacando-se a firma dos Fuggers, de Augsburgo, que emprestavam dinheiro a reis e bispos e servindo inclusive como corretores do Papa, na venda de indulgências[41].

Com o sistema bancário, surgiram vários instrumentos auxiliando as transações financeiras em larga escala, tais como a letra de câmbio, o pagamento por cheque nas transações locais e a emissão de notas bancárias, em substituição ao ouro e à prata. Esses instrumentos foram introduzidos pelos italianos e, gradualmente, expandiram-se no norte da Europa[42].

A Revolução Comercial também estabeleceu modificações fundamentais nos métodos de produção. Surgiram novas indústrias como a mineração, a fundição de minérios e a indústria da lã, cujo rápido desenvolvimento foi estimulado por progressos técnicos, tais como a invenção da roda de fiar e do tear para tecer meias, além do descobrimento de

---

41. BURNS, Edward McNall, *op. cit.*, p. 491-493.
42. BURNS, Edward McNall, *op. cit.*, p. 492-493.

um novo método de fundir latão, que reduzia praticamente à metade o combustível anteriormente empregado. "Nas indústrias de mineração e fundição de minérios adotou-se uma forma de organização muito semelhante à que chegou até nós. As ferramentas e instalações pertenciam aos capitalistas, enquanto os operários eram meros recebedores de salários, estando sujeitos aos azares dos acidentes, do desemprego e das doenças profissionais."[43]

Como salienta Georges Burdeau, apesar do liberalismo ter sido uma "filosofia do sucesso", isto não impediu que a sociedade liberal, mediante as hierarquias que introduziu, gerasse "a desigualdade das situações econômicas". Da prática da liberdade surge o capitalismo, e o capitalismo cria o proletariado, "tornando o exercício da liberdade monopólio dos privilegiados"[44].

---

43. *Ibid.*, p. 493.
44. BURDEAU, Georges, *op. cit.*, p. 25-28.

A influência inglesa no liberalismo

A este respeito, releva mencionar a situação da economia inglesa, em 1715, tendo em vista sua influência doutrinária na formulação do liberalismo gerador do capitalismo.

A economia inglesa encontrava-se dividida em mercados regionais frequentemente reduzidos, devido à falta de boas comunicações interiores. Sua atividade principal era a agricultura, que se caracterizava pelo sistema do *open field* (campo aberto), em que "a propriedade encontrava-se dividida em parcelas misturadas, tendo sua exploração um caráter coletivo [...] O sistema caracterizava-se não somente pela repartição trienal das culturas entre as parcelas dos terrenos cultivados (rotação trienal)", como também pelo direito dos campesinos de fazer pastar seu rebanho nos terrenos não fechados, de que não fossem proprietários, após a colheita. Seguia-se o antigo costume segundo o qual todos podiam levar seus animais a pastar nas terras da comuna (*commons*), durante todo o ano[45].

---

45. PILLORGET, Suzanne. *Apogée et déclin des sociétés d'ordres*: 1610-1787. Paris: Larousse, 1969. P. 251-252.

À época, as indústrias constituíam um recurso secundário, apesar de seu desenvolvimento na Inglaterra ser superior ao de qualquer outro país. Imperava a indústria da lã, sistema doméstico, em que atuavam pequenos empreendedores, industriais e artesãos de pequeno capital.

A economia inglesa estava em vias de transformação. O aumento do comércio marítimo fez surgir o espírito capitalista, que, na agricultura, ocasionou o *cercamento* começado no século XVI, atenuado pelos reis Stuarts e retomado a partir de 1688. Os proprietários fecharam não somente suas próprias terras como também a parte dos *commons* (terras comuns), pois eles acreditavam que, por serem nobres, devia pertencer-lhes[46].

Nos campos cercados desenvolveu-se a criação de ovelhas, que demanda menor mão de obra, ficando o agricultor frequentemente arruinado, pois não podia mais usar as terras comuns. Sua situação tornava-se ainda pior por não dispor de capitais nem de conhecimentos necessários para melhorar a qualidade de sua produção relativamente à do grande proprietário. Por isto, passaram a vender suas terras aos nobres, transformando-se em proletários agrícolas. Os diaristas tornaram-se miseráveis. A agricultura inglesa, desta forma renovada, aumentou consideravelmente sua produção de alimentos. "Mas uma massa de proletários se encontrava disponível, seja para imigração além-mar, seja para trabalhar nas fábricas e nas minas. Sem esta abundante mão de obra, derivada dos *cercamentos*, as novas indústrias não teriam podido desenvolver-se."[47]

---

46. *Ibid.*
47. PILLORGET, Suzanne, *op. cit.*, p. 251-252, 254-255.

Do exposto, resulta evidente que o tão propalado liberalismo inglês separou, no campo, nitidamente, os ricos (proprietários, nobres) dos pobres, tornados miseráveis devido à impossibilidade de sobreviver nas terras comuns (*commons*), vendo-se forçados a ir para as cidades. Assim preparava-se, de modo eficaz, os futuros operários da Revolução Industrial. Isto demonstra claramente que o liberalismo teve duas faces – a política e a econômica.

O Estado mínimo
e o privilégio dos poderosos

Sendo inegável o avanço político-jurídico propiciado pelo liberalismo, não é possível esquecer que os pobres foram desconsiderados, apesar de escrito, solenemente, que "os homens nascem livres e iguais em direitos", como constou na Declaração dos Direitos do Homem e do Cidadão de 1789, cujo conteúdo expandiu-se pelo mundo como nunca antes havia ocorrido.

> "É todo um Direito Novo, o Direito Moderno, que se acha embutido na declaração revolucionária, o que explica tenha ela servido de preâmbulo à Constituição [francesa] de 1791, documento solenemente promulgado que fixa a vertente constitucional europeia"[48].

O Estado liberal originalmente representou um inegável esforço de controlar o poder, por meio da delimitação jurídica do constitucionalismo. Mas, em sua etapa oitocentista, o liberalismo reduziu o Estado "a um mínimo, necessário à manutenção da ordem". Sucede que esta or-

---

48. REALE, Miguel. *Nova fase do direito moderno*, p. 77.

dem era "dominada por determinados padrões e dirigida por uma classe". Em consequência, as liberdades formuladas na Declaração de Direitos do Homem e do Cidadão "resultaram precárias, para os que se achassem fora das grandes estruturas da propriedade"[49].

Como releva Burdeau,

> "o antagonismo entre a liberdade e a ordem não aparecerá senão quando os indivíduos, fundados na tolerância liberal, utilizarão sua liberdade esquecendo a reserva moral que a justifica. É, então, que a autonomia individual se torna a independência dos poderosos. Libertada da regra moral, servirá de justificação ao egoísmo dos fortes, de encorajamento ao cinismo dos hábeis. *A autonomia, que o liberalismo doutrinário reconhece a todos, veio a transformar-se, de fato, no privilégio de alguns.* Toda a história das lutas sociais do século XIX constitui a ilustração deste princípio inicial"[50].

O liberalismo tem duas faces: a política e a econômica. No liberalismo político repousa a garantia das liberdades públicas, enunciadas na Declaração dos Direitos do

---

49. SALDANHA, Nelson. O que é o liberalismo. In: *Estado de direito, liberdades e garantias (estudos de Direito Público e Teoria Política).* São Paulo: Sugestões Literárias, 1980. p. 89-91.
50. BURDEAU, Georges, *op. cit.*, p. 43-44. O grifo é do autor.

Homem e do Cidadão, hoje constantes do art. 5º da Constituição da República Federativa do Brasil, de 1988. Nele, se fundamenta a democracia representativa que exige eleições periódicas para a renovação de seus órgãos. Já o liberalismo econômico "entende que, a partir do momento em que certas liberdades são asseguradas e respeitadas – liberdade da propriedade privada, livre concorrência, liberdade de trabalho –, é suficiente que cada um continue a desempenhar sua atividade para que se realize a harmonia social". Assim sendo, o liberalismo econômico exprime a convicção de que "uma ordem natural e espontânea deriva de um mecanismo de regulação única – *o mercado*"[51]. Se é certo que o liberalismo incentivou a discussão e a tolerância, os excessos advindos de seu braço econômico – o capitalismo – terminaram por desnaturar a ideia de liberdade e por dar a deixa para a famosa pergunta de Proudhon – "Onde está a liberdade do não proprietário"?[52]

---

51. CAPUL, Jean-Yves & GARNIER, Olivier, *op. cit.*, p.223-224.
52. "Où est la liberté du non propriétaire?" SALDANHA, Nelson. *O que é o liberalismo*, p. 89.

Capítulo III

ESTADO DO BEM-ESTAR SOCIAL

A construção progressiva do Estado do Bem-Estar Social

A situação gerada pelo liberalismo novecentista tornou-se de tal ordem que os próprios Estados europeus, por meio de seus governos, percebendo seu caráter insustentável até mesmo para a sobrevivência física dos trabalhadores, passaram a elaborar normas jurídicas "de tipo assistencial, geralmente isoladas, tendo por finalidade proteger os menores de idade e diminuir a jornada de trabalho". Percebia-se o grave dano sofrido pela saúde dos trabalhadores. A utilização das mulheres e crianças nas fábricas, estava "esgotando as reservas nacionais", a tal ponto que os Estados corriam "o perigo de transformar-se em um imenso asilo de classes e camadas sociais degeneradas"[53].

Uma pesquisa determinada pelo governo inglês, em 1814, revelou a melancólica situação em que viviam os operários: a jornada de trabalho era de 15 a 16 horas, os salários eram de fome, particularmente o das mulheres e menores. Não havia higiene mínima nem ajuda nos casos de acidente no trabalho, e as habitações dos trabalhado-

---

53. De la Cueva, Mario. *Derecho mexicano del trabajo*. 12ª ed. Mexico: ed. Porrua, 1970. t. 1, p. 23

res eram miseráveis. O mesmo constatava-se na Prússia, em 1828, o que foi registrado: "a utilização do trabalho de crianças esgota prematuramente o trabalho humano, não estando longe o dia em que a atual classe trabalhadora não tenha como substituta senão uma massa fisicamente degenerada". Outro estudo, na França, conduzia a uma conclusão análoga. O impulso para amenizar tal quadro era tolhido pelo temor dos empresários de criar condições menos favoráveis em relação aos demais, levando à incapacidade de enfrentar a concorrência no mercado[54].

A dramaticidade da situação conduziu à elaboração das primeiras leis de proteção ao trabalho, a partir do *Moral and Health Act*, de 1802, na Inglaterra, que foi a fonte de inspiração das legislações continentais dessa época, particularmente da Prússia, dos demais Estados alemães e da França. Resultava claro "que o regime individualista-liberal não produzira a igualdade garantida por seus defensores". A disparidade entre as classes sociais permitia "a exploração impiedosa da classe trabalhadora". Foi necessária muita luta para que os trabalhadores pudessem demonstrar "que a fórmula – *laissez-faire, laissez-passer* [deixar fazer, deixar passar] – constitui uma das grandes ilusões semeadas pelo Estado liberal. A pretexto de aplicá-la, o Estado interveio para evitar a organização dos trabalhadores e suas demandas de condições humanas na prestação de trabalho". Desta forma, a luta dos trabalhadores deu-se em dois sentidos: para obter liberdade de ação, "isto é, liberdade de coalizão e associação profissional", e melhores condições de trabalho.

---

54. *Ibid.*

A experiência histórica demonstrou que a concepção liberal do "Estado mínimo" era incapaz de assegurar a vida digna à maioria das pessoas. Sem garantia de emprego, recebendo salário aviltante, viram-se abandonadas à própria sorte diante da "neutra" indiferença do Estado. É nessa moldura de insegurança e miséria das massas trabalhadoras que se expande o capitalismo, convertendo o trabalho em mercadoria, ao sabor das *leis do mercado*[55].

Evidenciava-se a necessidade de criação de direitos econômicos e sociais, hoje direitos fundamentais sociais, de tal maneira que estes últimos viessem a permitir a real fruição dos direitos e liberdades de primeira dimensão. Fazia-se necessário garantir um *substrato econômico* como condição de efetividade dos direitos e garantias individuais, hoje direitos fundamentais de primeira dimensão.

Como resumiu Mario de la Cueva, aos excessos do individualismo triunfante veio responder uma corrente de ideias de variada gama, abrangendo desde a defesa do capitalismo suavizado, passando pelas ideias do socialismo utópico, do pensamento social católico, chegando até o materialismo histórico. Posteriormente ao materialismo histórico, deve-se salientar o *socialismo reformista* ou *revisionismo*, cujo maior representante, na Alemanha, foi Eduard Bernstein, que teve influência decisiva no pensamento social democrata, fundamental na Constituição de Weimar de 1919. Em seu texto, assim como no da Constituição Mexicana de 1917, situa-se "o nascimento dos *direitos sociais do trabalhador*, paralelos aos *direitos individuais do homem*". A influência da Constituição de Weimar, em

---

55. De la Cueva, Mario, *op. cit.*, p. 22-33.

que pese sua curta duração, é notória para a elaboração constitucional europeia. A Constituição Mexicana exerceu ação análoga sobre a legislação da América Latina[56].

Toda esta corrente doutrinária, crítica do capitalismo e denunciadora de seus excessos, não teria tido a relevância que teve não fora o triunfo da Revolução Russa de 1917, de que resultou a União Soviética como superpotência. Paradoxalmente, a Revolução Bolchevique possibilitou a vitória do Ocidente sobre a Alemanha nazista e forneceu "o incentivo para o capitalismo reformar-se", abandonando a "crença na ortodoxia do livre mercado", tendo em vista que a União Soviética mostrava-se aparentemente imune à Grande Depressão que assolava a Europa[57].

O quadro histórico geral agravou-se severamente pela inesperada quebra da Bolsa de Nova Iorque, em 29 de outubro de 1929, aprofundando a crise econômica e tornando-a universal. A crise atingiu a todos os setores da economia, desde a produção de alimentos até a de matérias-primas. Mas o que a tornava mais dramática, segundo Hobsbawm, "era que a previdência pública na forma de seguro social, inclusive auxílio-moradia, ou não existia, como nos Estados Unidos, ou, pelos padrões de fins do século XX, era parca, sobretudo para os desempregados a longo prazo"[58].

Dentro do receituário da economia liberal, não havia solução que parecesse capaz de solucionar tal estado

---

56. *Ibid.*, p. 22-33.
57. HOBSBAWM, Eric. *Era dos extremos: o breve século XX: 1914-1991*. São Paulo: Companhia das Letras, 1995. p. 89.
58. Sobre a complexidade desta situação, ver: HOBSBAWM, Eric, *op. cit.*, p. 90-99.

de coisas. Foi assim que, a partir das primeiras décadas do século XX, foi-se construindo o Estado do Bem-Estar Social (*Welfare State*), maior realização político-jurídica do ser humano, consagrada na Europa Ocidental, exceção feita a Portugal e Espanha, então regidos por governos ditatoriais que lhe foram avessos[59].

No Brasil, os direitos sociais foram inseridos nas Constituições de 1934 e 1946, embora tais normas fossem consideradas programáticas. Mesmo a ditadura de Getúlio Vargas, instaurada em 1937, não foi indiferente ao Estado Social. Farta foi a legislação trabalhista adotada nesta fase, por meio de decretos-lei, conforme a síntese feita por Arnaldo Süssekind. Nela, criou-se a Justiça do Trabalho em 1939 (Decreto-Lei 1.237/39), a organização sindical (Decreto-Lei 1.402/39), a primeira tabela de salários mínimos (Decreto-Lei 2.162/40), a duração do trabalho (Decreto-Lei 2.308/40), o enquadramento sindical (Decreto-Lei 2.381/40), o trabalho do menor (Decreto-Lei 3.616/41), o imposto sindical (Decreto-Lei 4.289/42), a criação do Senai (Serviço Nacional de Aprendizagem Industrial – Decreto-Lei 4.936/42), a Consolidação das Leis do Trabalho (Decreto-Lei 5.452/43), o salário-enfermidade (Decreto-Lei 6.905/44), os acidentes do trabalho (Decreto-Lei 7036/44) e a sindicalização rural (Decreto-Lei 7321/45)[60]. Ainda, da Era Vargas (período ditatorial) provieram as primeiras normas de seguridade social[61].

---

59. BEAUD, Michel & DOSTALER, Gilles. *La pensée économique depuis Keynes. Historique et dictionnaires des principaux auteurs* Paris: Éd. du Seuil, 1993. p. 35, nota 2, p. 36.
60. SÜSSEKIND, Arnaldo. *Curso de direito do trabalho.* Rio de Janeiro: Renovar, 2002.
61. IAPM, em 1933 – Instituto de Aposentadoria e Pensões dos Marítimos; IAPC, em 1934 – Instituto de Aposentadoria e Pensões dos Comerciários; IAPB, em ▶

Como salienta Sergio da Costa Franco, "é hoje aceito por muitos que o ciclo ditatorial de 1937-45, pela política administrativa que desenvolveu, pela legislação social que introduziu, pelo incremento ao crédito e à industrialização, representou o primeiro capítulo do processo de modernização do Brasil, desenvolvido nos meados deste século"[62]. Paradoxalmente, observa-se que esse evidente avanço político é hoje rejeitado pela globalização neoliberal, que vem sustentando mundialmente a necessidade de restrição dos direitos dos trabalhadores, em nome do que se diz ser uma exigência da modernidade[63].

Trata-se de uma ação deliberada dos neoliberais contra o Estado do Bem-Estar Social, que consagrou uma época de paz social, na Europa, em que se buscou a realização da justiça distributiva, sobre cuja necessidade já escrevia Aristóteles, no século IV a.C [64].

Vivemos uma "crise de civilização", como bem referia o eminente economista Celso Furtado, afirmando que "O

▸ 1934 – Instituto de Aposentadoria e Pensões dos Bancários; IAPI, em 1936 - Instituto de Aposentadoria e Pensões dos Industriários; IPASE, em 1938, -Instituto de Pensões e Assistência dos Servidores do Estado; IAPETEC, em 1938 – Instituto de Aposentadoria e Pensões dos Empregados em Transportes e Cargas; ISS, em 1945 – Instituto de Serviços Sociais do Brasil; IAPETC, em 1945 – que incorporou ao Instituto dos Empregados em Transportes e Cargas e da Estiva, que passou a chamar-se Instituto de Aposentadoria e Pensões dos Estivadores e Transportes de Cargas. http://www.previdencia.gov.br

62. FRANCO, Sérgio da Costa. *Getúlio Vargas e outros ensaios*. Porto Alegre: Ed. Universidade/UFRGS, 1993.

63. Foi recentemente feito no Brasil, sem nenhuma consulta ao povo, pela Lei 13.467, de 13 de julho de 2017.

64. ARISTOTE. *Ethique à Nicomaque*, V, 6, 1131a-b, p. 228-9, nota 4; V, 7, 1131b, p. 230; _____ La politique, III, 9, 1280, p. 204, nota 4; AZEVEDO, Plauto Faraco de. *Justiça distributiva e aplicação do direito*. Porto Alegre: Fabris, 1983. p. 25-42.

Estado do Bem-Estar Social foi a maior experiência de solidariedade que já se inventou, a grande vitória e a nobreza da democracia moderna. A sociedade assume o destino das pessoas, ninguém é abandonado". Acrescentava que a gravidade da crise de então, hoje dramaticamente configurada, exigia mudança que, se não fosse feita, ninguém saberia o que poderia acontecer. Fazia-se eminentemente necessário que o Estado disciplinasse e democratizasse a distribuição de renda. Enfatizava que se fosse ditada tão só pelo mercado, viraria a lei do mais forte[65].

É evidente que, sem o reconhecimento e exercício efetivo dos direitos fundamentais sociais – educação, saúde, alimentação, trabalho, moradia, lazer, segurança, previdência social, proteção à maternidade e à infância, assistência aos desamparados, direitos dos trabalhadores urbanos e rurais (arts. 6º–11º da CF), os direitos e garantias individuais fundamentais (art. 5º da CF) não têm a efetividade indispensável ao respeito da dignidade humana.

Calamandrei, processualista emérito, não só dominava os procedimentos como compreendia o fundo do processo, vale dizer, seu cunho social e garantidor da democracia. Salientava a insuficiência das liberdades políticas sempre que faltasse o suporte econômico para o seu exercício. Sucedeu que, no liberalismo econômico, "as liberdades políticas tornaram-se as 'liberdades burguesas', a liberdade dos ricos de desfrutar os poderes". As liberdades políticas, acompanhadas do privilégio econômico, serviam, na verdade, para tornar o poder político mono-

---

65. FURTADO, Celso. Entrevista à *Revista Veja*, 08-01-1977.

pólio dos ricos, impeditivo do afluxo das forças populares para a renovação da classe dirigente, o que é a essência da democracia. "As liberdades políticas eram legalmente estabelecidas para todos, ricos e pobres; mas, na verdade, só os ricos tinham a possibilidade efetiva de valer-se delas em seu benefício."[66]

---

66. CALAMANDREI, Piero. "L'avvenire dei diritti di libertà". In RUFFINI, Francesco. *Diritti di libertà*. 2ª ed. Firenza: La Nuova Italia, 1946, p. XXV-XXVII.

A importância crucial do direito ao meio ambiente

Inegável é que não só a dignidade, como também a sobrevivência humana estão a exigir o respeito de outra categoria de direitos fundamentais, denominados de direitos de terceira geração ou de solidariedade, dentre os quais se destacam o direito à paz, à autodeterminação dos povos e, o mais fundamental de todos, eis que, sem o seu respeito, torna-se dramática a possibilidade de vida no planeta – *o direito ao meio ambiente ecologicamente equilibrado* – incomparavelmente consagrado no art. 225 da Constituição Federal: "Todos têm direito ao meio ambiente ecologicamente equilibrado, bem de uso comum do povo e essencial à sadia qualidade de vida, impondo-se ao poder público e à coletividade o dever de defendê-lo e preservá-lo para as presentes e futuras gerações".

Miguel Reale bem sintetiza o sentido dos direitos fundamentais, escrevendo que se impõem ao reconhecimento do Estado porque constituem *invariantes axiológicas,* isto é, "valores universalmente proclamados e exigidos pela opinião pública como absolutamente essenciais ao destino do homem na face da Terra". Todos eles assentam na *invariante axiológica primordial representada pela pessoa humana*[67].

É no século XX, com a influência da doutrina alemã, que tais valores inseridos constitucionalmente tornam-se legalmente exigíveis, passando a denominar-se *direitos fundamentais*. Essa denominação passou a abranger os direitos humanos em suas várias dimensões – individuais e coletivos, sociais, do consumidor, culturais, ambientais.

Como escreve Comparato, é irrecusável a necessidade de "encontrar um fundamento para a vigência dos direitos humanos além da organização estatal. Este fundamento, em última instância, só pode ser a consciência ética coletiva, a convicção, longa e largamente estabelecida na comunidade, de que a dignidade da condição humana exige o respeito a certos bens ou valores em qualquer circunstância, ainda que não reconhecidos no ordenamento estatal, ou em documentos normativos internacionais. Ora, esta consciência ética coletiva [...] vem se expandindo e aprofundando no curso da História.

---

67. REALE, Miguel, *Lições preliminares de direito*, p. 276. O grifo é do autor.

O neoliberalismo e a prevalência do mercado

Se é indiscutível que a consciência ético-jurídica exige o respeito aos direitos fundamentais, é inadmissível aceitar-se que os direitos fundamentais sociais sejam atingidos por uma ideologia que pretende "flexibilizá-los", alegando razões historicamente superadas. É uma evidente regressão histórica, apoiada e repetida pela mídia vinculada aos interesses das grandes corporações econômicas aos quais o Estado acha-se sutilmente vinculado.

Como visto, o liberalismo nasceu no século XVIII como reação ao absolutismo real, sendo seu princípio fundamental a liberdade individual[68]. Mas não há como deixar de lado questões essenciais:

> "[...] a afirmação da liberdade dos indivíduos e a necessidade de limitação do poder estatal deixam sem resposta *questões essenciais*: como evitar que a liberdade permita aos mais fortes dominar 'livremente' os mais fracos (uma fórmula célebre fala da

---

68. CAPUL, Jean-Yves & GARNIER, Olivier, *op. cit.*, p. 233.

liberdade da raposa no galinheiro)? Como harmonizar as diferentes ações dos indivíduos e afastar o espectro de uma 'lei da selva', quando cada um pode agir como quiser?" [69]

A crítica é essencial para que se preservem as conquistas do liberalismo, mas respeitando-se os direitos fundamentais sociais indispensáveis à fruição das liberdades públicas.

O liberalismo começou como doutrina de emancipação da classe média, transformando-se, depois de 1789, em "um método de disciplina para a classe trabalhadora". Sucedeu que a desejada liberdade contratual liberou os proprietários de suas correntes, deixando os trabalhadores à sua mercê. O escocês Patrick Colquhoun, escrevendo em 1806, deixou translúcido o entendimento "que sem uma grande proporção de pobreza não pode haver riqueza, uma vez que *as riquezas são produto do trabalho e este só pode provir de um estado de pobreza...*" Entendia ser a pobreza um elemento indispensável na sociedade, sem o que as comunidades não poderiam existir em um estado de civilização[70].

Considerando-se a situação de miserabilidade social crescente e o menosprezo do neoliberalismo pelos direitos sociais fundamentais, é de perguntar-se se a ideia de

---

69. CAPUL, Jean-Yves & GARNIER, Olivier. *Dictionnaire d'économie et de sciences sociales.* Paris : Hatier, 1999. p. 223-224.
70. COLQUHOUN, Patrick. A treatise of indigence, 1806. p. 7. Cf. LASKI, Harold J. The rise of european liberalism. New Brunswick (U.S.A.) and London: Transaction Publishers, 1997, p. 209; _____*El liberalismo europeo.* México: Fondo de Cultura Económica, 1939. p. 179. O grifo é do autor.

Colquhoun não se acha no subconsciente da humanidade, tanto dos que estão por cima quanto dos que estão por baixo econômica e socialmente. É uma questão sobre a qual se deve refletir.

Os enciclopedistas franceses

É esclarecedor o realismo dos enciclopedistas franceses, defensores do liberalismo político, mas conscientes dos efeitos nefastos de seu aspecto econômico.

No que se refere à igualdade, Voltaire, o grande arauto do liberalismo no século XVIII, mostrava-se totalmente cético:

> "Todo homem nasce com uma inclinação violenta para a dominação, a riqueza e os prazeres e com muito gosto pela preguiça [...] O gênero humano, tal como é, não pode subsistir, a menos que exista uma infinidade de homens úteis que nada possuam; porque, com certeza, um homem abastado não deixará sua terra para vir trabalhar a vossa; e, se tendes necessidade de um par de sapatos, não será um membro do Conselho de Estado que o fará para vós. A igualdade é, portanto, ao mesmo tempo a coisa mais natural e a mais quimérica."[71]

---

71. VOLTAIRE. *Dictionnaire philosophique*. Chronologie et préface par René Pomeau. Paris : Garnier- Flammarion, 1964. p. 172-3.

A Enciclopédia Francesa, obra que marcou indelevelmente o Iluminismo, sob a inspiração e direção de Denis Diderot, publicada entre 1751 e 1780, em seu verbete sobre a *miséria* diz que:

> "Há poucas almas fortes que a *miséria* não abata e avilte com o decorrer do tempo. O povão é de uma estupidez incrível. Eu não sei que encanto lhe fecha os olhos sobre sua *miséria* presente e sobre uma *miséria* ainda maior, que o espera na velhice. A miséria é a mãe dos grandes crimes; são os soberanos que fazem os miseráveis, os quais responderão neste mundo e no outro pelos crimes que a *miséria* terá cometido."[72]

Há divergência entre o pensamento de Diderot e de Voltaire. Ambos aludiam à importância da liberdade de expressão advinda do liberalismo, mas Diderot percebia e dava ênfase à desgraça advinda da miséria, enquanto Voltaire considerava a miséria natural e a igualdade uma fantasia.

Quanto à *representação política*, depois de seguir-lhe a história na França, d'Holbach escreve na Enciclopédia Francesa:

> "É do interesse do soberano que a nação seja representada; sua própria segurança dela depende; a

---

72. "Il y a peu d'âmes assez fermes que la *misère* n'abatte et n'avilisse à la longue. Le petit peuple est d'une stupidité incroyable. Je ne sais quel prestige lui ferme les yeux sur sa *misère* présente, et sur une *misère* plus grande encore qui attend sa vieillesse. La *misère* est la mère des grands crimes ; ce sont les souverains qui font les misérables, qui répondront dans ce monde et dans l'autre des crimes que la misère aura commis." DIDEROT. Misère. In : *Encyclopédie ou Dictionnaire raisonné des sciences, des arts et des métiers*. Chronologie, introduction et bibliographie par Alain Pons. Paris : Garnier-Flammarion, 1986. v. 2, p. 232.

afeição dos povos é o maior escudo contra os atentados dos malévolos; mas como pode o soberano conquistar a afeição de seu povo... se ele não procura aliviar seus males? Se a nação não é representada, como pode seu soberano saber destas misérias particulares, que do alto de seu trono ele não vê senão de longe, as quais a lisonja busca sempre esconder-lhe? [...] nada seria mais vantajoso que uma constituição que permitisse a cada ordem de cidadãos fazer-se representar e falar nas Assembleias que têm por objetivo o bem de todos".

Depois dessas considerações de indiscutível sabedoria política, vem a ênfase inaceitável da propriedade:

"Estas Assembleias, para serem úteis e justas, deveriam ser compostas por aqueles cujas posses os tornam cidadãos e cujo conhecimento lhes permite conhecer os interesses da nação e as necessidades dos povos; em uma palavra, *é a propriedade que faz o cidadão*; todo o homem que tem posses no Estado está interessado no bem do Estado... é sempre como proprietário, em razão de suas posses, que ele deve falar ou que ele adquire o direito de se fazer representar". [73]

---

73. D'HOLBACH. Représentants (Droit politique, Hist. moderne). In : *Encyclopédie ou Dictionnaire raisonné des sciences, des arts et des métiers*. p. 294-305, notadamente p. 299, 300. O grifo é do autor.

Do voto censitário ao Estado do Bem-Estar Social

Na prática, "a maior parte das constituições desta época estabelece *o voto censitário*, ou seja, os direitos do homem burguês, para quem o direito de propriedade tem o caráter inviolável e sagrado, segundo postula o art. 17 da Declaração de 1789"[74].

Apesar do voto censitário, a igualdade formal perante a lei trouxe a segurança jurídica – uma só lei para toda a

---

74. PEREZ LUÑO, Antonio Enrique. *Derechos humanos, estado de derecho y constitución*. 6.ed. Madrid: Tecnos, 1999. p. 120. O grifo é do autor. A lei eleitoral em vigor na França, de 1831 a 1848, *limitava o eleitorado a cerca de duzentos mil cidadãos, numa população de quase trinta milhões*. O mesmo sucedia nos Estados alemães de Baden, Hesse e Württemberg, onde a Carta Constitucional de 1814 estabelecia situação essencialmente idêntica. "A democracia liberal do século XIX, em resumo, por toda parte se edificara na base de um *direito de voto limitado ao detentor da propriedade*". Esta situação "foi radicalmente alterada pela expansão do direito de voto. Tanto no império alemão como na nova república francesa, o sufrágio universal masculino foi um fato consumado, a partir de 1871. A Suíça, Espanha, Bélgica, Holanda, Noruega seguiram o exemplo em 1874, 1890, 1893, 1896 e 1898, respectivamente. Na Itália, onde uma ampliação muito limitada no direito de voto fora concedida em 1882, a maioria da população masculina recebeu [direito de] voto em 1912; na Grã-Bretanha, o mesmo resultado foi atingido pela terceira lei de reforma de 1884, embora o princípio do sufrágio universal masculino tivesse de esperar pelo reconhecimento até 1918 e o sufrágio não fosse ampliado às mulheres senão em 1928". BARRACLOUGH, Geoffrey. *Introdução à história contemporânea*. Rio de Janeiro: Zahar, 1966. p. 122. O grifo é do autor.

nação em substituição à pluralidade dos costumes provinciais e das leis relativas aos diversos estratos sociais. Mas, como o tempo evidenciou, a busca da igualdade material, como objetivo a ser atingido, ficou na zona de sombra jurídica até início do século XX, quando foram progressivamente estabelecidos os direitos fundamentais sociais.

Do lema da Revolução Francesa – *liberdade, igualdade e fraternidade* – realizou-se a liberdade para quem tivesse meios para desfrutá-la e garanti-la. A igualdade só foi alcançada, em certa medida e geograficamente limitada a uma parte do continente europeu, com a realização da socialdemocracia. Com a intervenção do Estado na economia, estabeleceram-se limites ao capitalismo, colocando em prática justiça distributiva arrimada nas constituições e nas leis, da qual decorreu o bem-estar social em escala antes inimaginável. Percebe-se o quanto tinha de razão o dominicano francês Lacordaire, que, em um sermão de 1848, afirmou, em defesa dos operários franceses, que "Entre o forte e o fraco, entre o rico e o pobre, entre o senhor e o servidor, é a liberdade que oprime, é a lei que liberta"[75].

Para a realização do Estado do Bem-Estar Social foi fundamental a contribuição de John Maynard Keynes, revalorizando os fundamentos da economia clássica e in-

---

75. "Entre le fort et le faible, entre le riche et le pauvre, entre le maître et le serviteur, c'est la liberté qui opprime, c'est la loi qui affranchit." LACORDAIRE, Henri. *Conférences de Notre-Dame de Paris*, Sagnier et Bray, Paris, 1848 . Disponível em : https://fr.wikiquote.org/wiki/Henri_Lacordaire e http://dicocitations.lemonde.fr/citations/citation-143827.php Acesso: 11-10-2016. O grifo é do autor. Apesar desta verdade incontestável, insistem os neoliberais, especialmente os que dominam o mercado financeiro, na sua *desregulamentação*, o que propiciou a crise econômica sistêmica de 2007-8.

dicando a solução para os graves problemas decorrentes das duas Grandes Guerras mundiais (1914-1918 e 1939-1945), bem como da Quebra da Bolsa de Nova Iorque, em 1929. À crise econômica veio adicionar-se o temor de que a Revolução Russa (1917) pudesse estender-se às democracias europeias.

Na Alemanha, "em 1923 a unidade monetária foi reduzida a um milionésimo de milhão de seu valor de 1913, ou seja, na prática o valor da moeda foi reduzido a zero". Com isto, "as poupanças privadas desapareceram criando um vácuo quase completo de capital ativo para as empresas", passando a economia alemã a depender de empréstimos estrangeiros de grande vulto, o que foi um dos dados fundamentais para a ascensão do nazismo[76].

Outro dado importante que concorreu para a realização do Estado do Bem-Estar Social foi o desemprego, em escala sem precedentes, na maior parte da Europa Ocidental. "O que tornava a situação mais dramática era que a previdência pública na forma de seguro social, inclusive auxílio desemprego, ou não existia como nos Estados Unidos, ou, pelos padrões de fins do século XX, era parca, sobretudo para os desempregados a longo prazo."[77]

Diante dessa situação, o problema central passou a ser a eliminação do desemprego em massa. Para a busca de solução para esta crise, foram essenciais o pensamento e o

---

76. HOBSBAWM, Eric. *Era dos extremos. O breve século XX: 1914-1991*. Trad. de Marcos Santa Rita. São Paulo: Companhia das Letras, 1995. Age of Extremes. The short twentieth century: 1914-1991. p. 90-91, 94-95.
77. *Ibid.*, p. 94-97.

trabalho de John Maynard Keynes (1883-1946), imprimindo novos rumos à teoria e à política econômica[78].

Keynes tinha uma personalidade complexa, aberta à generalidade dos conhecimentos, circunstância rara entre os economistas neoliberais. Leitor de Freud, avesso à aceitação da lógica determinista, entendia que ela tem pouco a ver com a ação humana, "que é impulsionada, em boa parte, por motivos irracionais". Tendo-se consideravelmente enriquecido por meio da especulação em bolsa de valores, distinguia "o amor pelo dinheiro como objeto de posse" do "amor pelo dinheiro como capaz de proporcionar os prazeres e realidades da vida". No primeiro sentido, via "um estado mórbido, ou melhor, repugnante, uma destas inclinações meio criminosas, meio patológicas, cujo cuidado confia-se, com arrepio, aos especialistas em doenças mentais"[79].

Em 1926, escreveu *O fim do laissez-faire*, em que rejeita enfaticamente o que ele chama "*princípio de difusão*, isto é, a crença no mito do ajustamento automático dos preços e das quantidades". Afirmava não ser "de modo nenhum correto deduzir dos princípios da economia política que o interesse pessoal, devidamente esclarecido, sempre atua em favor do interesse geral". A parábola da mão invisível (Adam Smith), além de não ser verdadeira, torna-se "uma visão perigosa quando se transforma em visão política", podendo desembocar no bolchevismo ou no fascismo. Segundo Keynes, "o problema político da

---

78. *Ibid.*, p. 98-100.
79. BEAUD, Michel & DOSTALER, Gilles. *La pensée économique depuis Keynes. Historique et dictionnaire des principaux auteurs.* Paris : Seuil, 1993. p. 33, nota 3, p. 34, notas 1 e 2.

humanidade consiste em combinar três coisas: *eficácia econômica, justiça social e liberdade política*. Somente reformas profundas permitem atingir tais objetivos. A busca de políticas conservadoras, fundadas sobre as ilusões do *laissez-faire*, prepara o leito da revolução"[80]. Verdade é que a rejeição de Keynes ao pensamento dos economistas liberais, sobretudo norte-americanos e ingleses, foi decisiva para salvar o capitalismo, propiciando o surgimento e a constitucionalização dos direitos fundamentais sociais.

Tais são algumas das ideias a que esse pensador daria forma mais detalhada em obras posteriores a *O fim do laissez-faire* (1926), notadamente na *Teoria geral do emprego, juro e dinheiro* (1936), em seu esforço de aperfeiçoamento do liberalismo econômico. Apesar de admitir sua simpatia pela causa do proletariado, no caso pelo Partido Trabalhista inglês, não julgava possível a ele aderir, tendo escrito: "é um partido de classe, que não é a minha... a guerra de classes me encontrará do lado da burguesia esclarecida". Aliás, a atuação política de Keynes "teve por objetivo evitar que esta guerra sobreviesse"[81].

---

80. *Ibid.*, p. 35-36. O grifo é do autor.
81. BEAUD, Michel & DOSTALER, Gilles, *op. cit.*, p. 35, nota 2, p. 36; AZEVEDO, Plauto Faraco de. *Direito, justiça social e neoliberalismo*. São Paulo: Revista dos Tribunais, 1999. p. 87-91.

O neoliberalismo *versus* direitos fundamentais sociais

Nos dias de hoje, domina uma concepção político-econômica tradutora de um pensamento enganador – denominado neoliberalismo –, que responde a *interesses imediatistas* e contrários aos interesses da humanidade. Trata-se de uma ideologia partidária do mercado sem limites. Procura fazer que, em matéria de direitos fundamentais sociais, se regresse ao século XIX, ao Estado do *laissez-faire, laissez-passer*[82].

---

82. É oportuno lembrar o dramático relato dessa época, de 18 de janeiro de 1878, de Eça de Queiroz, então cônsul de Portugal, em Newcastle, a propósito da greve dos mineiros ingleses, quando não havia direitos sociais fundamentais. Em razão da crise na indústria do carvão, os mineiros haviam sofrido sucessivas reduções salariais: 10%, em abril de 1874, 14%, em outubro do mesmo ano, 10%, em janeiro de 1875, 8%, em outubro de 1875, 8%, em agosto de 1876, tendo havido, em maio de 1877, novo pedido de redução salarial de 10%. Em tal situação, "a surpresa foi grande e a indignação ruidosa," quando a Associação de Proprietários de Minas, no começo de dezembro de 1877, alegando a existência de crise "arruinadora", veio a pedir uma nova redução salarial de 12,5%. A dramaticidade da situação desponta do texto de Eça de Queiroz: "A Associação Geral dos Mineiros do Reino está auxiliando os operários de Newcastle dando a cada homem 6 xelins por semana. Tem afluído donativos particulares, mas insuficientes: a situação é severa, os homens não têm economias e a fome começa a aparecer: algumas famílias emigram, outras dispersam-se procurando um ▶

Como assinala Pierre Bourdieu, é imperioso salientar que "o neoliberalismo faz voltar, sob a aparência de uma mensagem muito elegante e moderna, as mais velhas ideias do mais velho patronato [...] É característica das *revoluções conservadoras*, como a dos anos trinta na Alemanha, e a de Thatcher, Reagan e outros [nos anos 80-90], apresentar as restaurações como revoluções [...] Esta revolução conservadora, de um tipo novo, diz traduzir o progresso, a razão, a ciência (no caso a economia), para justificar a restauração, tentando fazer passar por arcaísmo o pensamento e a ação progressistas". Pretende ela abandonar o mundo econômico à lógica que ela defende – "a lei dita do mercado, isto é, a lei do mais forte [...]"[83].

Alceu Amoroso Lima, intelectual brasileiro, católico de laboriosa vida em defesa da democracia, avesso aos extremismos tanto de esquerda quanto de direita, raciocinando sobre os acontecimentos históricos de seu tempo e como que antevendo o que hoje se passa, assinalou que na "luta pela liberdade não podemos seguir o exemplo do liberalismo econômico que acabou criando uma classe proprietária – os capitalistas – e uma classe proletária ou não proprietária dos meios de produção. Nesse caso, foi o abuso da liberdade, o seu mau uso que transformou a liberdade econômica no direito de espo-

---

▶ trabalho casual. Como os mineiros têm casa e lume gratuitos – *alguns patrões eram de opinião que se lhes retirasse o lume e a casa*. Envergonho-me quase de ter de escrever este pormenor[...] de resto foi este o sistema que se empregou na greve de Junho p.p. [próximo passado]: mas então a estação era suave seca e tépida – e a gente podia dormir pelos campos". Eça de Queiroz. *Correspondência consular*. Trad. de José Moura Carvalho. Edição de Alain Freeland. Lisboa: Cosmos, 1994. p. 63-6.

83. BOURDIEU, Pierre. Contre-feux. Paris: Raisons d'Agir, 1998. p. 40.

liar o próximo[...] *A burguesia desrespeitou a liberdade, ao hipertrofiar a liberdade econômica...*"[84].

Não deixa dúvidas Norberto Bobbio, ao asseverar que "deve-se recordar que o mais forte argumento adotado pelos reacionários de todos os países contra os direitos do homem, particularmente contra os direitos sociais, não é a sua falta de fundamento, mas a sua inexequibilidade". É quando se quer passar à ação que "começam as reservas e as oposições. O problema fundamental em relação aos direitos do homem, hoje, não é tanto o de *justificá-los*, mas o de *protegê-los*. Trata-se de um problema não filosófico, mas político"[85].

---

84. LIMA, Alceu Amoroso. *Memorando dos 90: entrevistas e depoimentos* /Alceu Amoroso Lima; textos coligidos e apresentados por Francisco de Assis Barbosa. Rio de Janeiro: Nova Fronteira, 1984. p. 258. O grifo é do autor.
85. BOBBIO, Norberto. *A era dos direitos*. Trad. de Carlos Nelson Coutinho. Rio de Janeiro: Campus, 1992. p. 24. Original: L'età dei Diritti.

Capítulo IV

ESTADO MÍNIMO

Necessidade de uma formação jurídica ampla

Para a compreensão e efetividade dos direitos fundamentais, é necessária uma formação jurídica ampla que não divida o direito entre o *direito que é* e o *direito que deve ser*, em nome do paradigma científico positivista ultrapassado e obscurecedor da realidade. O direito, a cujo serviço devem achar-se as constituições, as leis, as decisões dos tribunais e os tratados internacionais, deve estar comprometido com a busca da justiça social, e não com um falso neutralismo comprometido com o *statu quo*.

O direito, comprometido com a realização da justiça, deve traduzir a luta permanente contra todas as formas de opressão, o que exige do jurista e do cidadão a permanente vigilância da afirmação dos direitos fundamentais. No que concerne aos cidadãos, este zelo deve expressar a vivência de uma cidadania ativa, participante, bem além do mero exercício do direito de votar e ser votado, contribuindo para a formação da consciência moral a sedimentar a vontade estatal[86].

---

[86]. Ver a este respeito AZEVEDO, Plauto Faraco de. *Crítica à dogmática e hermenêutica jurídica*. 2ª ed. atual. e ampl. Porto Alegre: Fabris, 2015. passim.

É inadmissível pretender-se que a legalidade possa substituir-se à legitimidade. Foi na luta contra a arbitrariedade absolutista que se acreditou poder assegurar a legitimidade pela legalidade. O sentido dos direitos humanos surgiu na contraposição à arbitrariedade do Estado. Não é possível esquecer que "todo o poder estatal deve a sua conservação e formação à vontade humana, demasiado humana", do que decorre que nele podem atuar "tanto as forças morais mais elevadas como uma imponente massa de estupidez e maldade, de infâmia e arbitrariedade"[87].

A agressão aos direitos fundamentais sociais está hoje ligada à progressiva perda da soberania estatal, em cumprimento de mandamentos advindos de entidades supranacionais, em particular do Fundo Monetário Internacional e do Banco Mundial e, embora ocultos, das empresas multinacionais.

Resulta que a efetividade dos direitos fundamentais sociais vem sendo progressivamente afetada, obrigando-se os Estados a introduzir restrições crescentes no plano legislativo[88]. É o que vem acontecendo dramaticamente na

---

87. HELLER, Hermann. *Teoria do Estado.* São Paulo: Mestre Jou, 1969. p. 265.
88. Um exemplo histórico foi o da Argentina, onde o governo anunciou, em 29 de maio de 2000, um ajuste do gasto público de 538 milhões de pesos, para aquele ano, com o fito de reduzir o déficit fiscal e gerar a confiança entre os investidores. Dentre as medidas achavam-se a redução dos salários em 12%, entre 1000 e 6500 pesos, e de 15% para os salários acima de 6500 pesos, além de uma diminuição de 50% para as aposentadorias outorgadas pelo Estado, reputadas privilegiadas. As razões alegadas eram, em sua maioria, de ordem internacional, tais como o aumento da taxa de juros nos Estados Unidos e a desvalorização do Euro. - "La reducción del gasto será de 538 millones de pesos". *La Nación*, Buenos Aires, 30 de mayo 2000. p. 1. Na verdade, o pacote visava atender às exigências do Fundo Monetário Internacional, descurando totalmente do caráter de direito fundamental e alimentar dos salários, já bastante reduzidos pela situação ▶

Grécia, Espanha e Portugal, onde os cortes de salário, o acréscimo dos impostos, a diminuição das aposentadorias e das pensões têm sido repetitivos, e as manifestações populares contra essas medidas têm sido contidas pela ação policial. Tais exigências atentam contra a dignidade humana, sob o comando da chamada *troika* – Fundo Monetário Internacional, Banco Central Europeu e Comissão Europeia. O que antes acontecia na periferia capitalista, hoje dá-se na União Europeia. O inverossímil torna-se a cada dia mais verossímil! Tal tendência esboça-se no Brasil com afirmação da necessidade de reformas manifestamente agressoras dos direitos fundamentais sociais, sem qualquer consulta ao povo.

Deturpa-se a democracia, pois, sem a garantia e eficácia dos direitos sociais, a efetividade dos direitos e liberdades individuais é restringida, quando não subtraída.

Como já acentuava Calamandrei, em 1948, não se podem exercer as liberdades políticas sem que se liberem os pobres da escravidão econômica, assegurando-lhes um mínimo de justiça social[89].

Apesar de esta afirmativa ser perceptível com um mínimo de bom senso, ela é ignorada pela perspectiva econômica neoliberal.

▶ de penúria econômica por que passava o país. Tanto é assim que o ministro da Economia apressou-se, saindo da reunião ministerial, a dirigir-se ao Palácio da Fazenda "para conectar-se com Wall Street mediante uma videoconferência", viajando, no mesmo dia, aos Estados Unidos "para explicar com maior detalhe o pacote de medidas". - "El gobierno ajusta su imagen". *Clarin*, Buenos Aires, 31 de mayo de 2000. Política, p. 7.

89. CALAMANDREI, Piero. "L'avvenire dei diritti di libertà". In: Ruffini, Francesco. *Diritti di libertà*. 2.ed. Firenze: La Nuova Italia, 1946. p. XV-XVI.

Para que se tenha uma visão realista do que sucede, é indispensável analisar a ideologia que anima o pensamento neoliberal, cujas teses, por força de sua constante repetição, contribuíram para que se perdesse o fulcro dos acontecimentos, sendo necessário lembrar que a ortodoxia do mercado livre já fora desacreditada ao mostrar-se incapaz de resolver os problemas antecedentes à Grande Depressão, iniciada em 1929[90].

Coing, resumindo as ideias de Collingwood, observa que, no plano da história, o homem toma suas decisões em função de situações bem determinadas, mas que "é a *imagem* que faz da situação, mais do que ela própria, que restringe sua liberdade e determina sua ação"[91].

A imagem que o neoliberalismo transmite induz ao erro porque não corresponde à realidade. Tem concorrido para aceitação e transmissão desta imagem errônea uma parte substancial da imprensa escrita e televisiva, hoje cada vez mais agregada em gigantescos oligopólios que se comprazem em veicular o "pensamento único"[92].

---

90. HOBSBAWM, Eric. *Era dos extremos. O breve século XX: 1914-1991*. Tradução de Marcos Santa Rita; revisão técnica de Maria Célia Paoli. São Paulo: Companhia das Letras, 1995. p. 107. Título original: Age of extremes: the short twentieth centuries: 1914/1991.
91. COLLINGWOOD. The Idea of History. Oxford, 1946. Cf. COING, H. "Savigny et Collingwood ou: Histoire et Interprétation du droit". *Archives de Philosophie du Droit*. Paris : Sirey, 1959. p. 6.
92. RAMONET, Ignacio. La pensée unique. *Le Monde diplomatique*, Paris, jan. 1995. As relações entre imprensa, verdade, privacidade, democracia e dignidade da pessoa humana são examinadas em: WEINGARTNER NETO, Jayme. *Privacidade e liberdade de imprensa: uma pauta de justificação penal*. Porto Alegre: Livraria do Advogado, 2002. p. 79-114, passim. Refere o autor texto da revista *The Economist* (21/11/1998), em que a oligopolização da imprensa, na economia globalizada se torna evidente, visto ser dominada por sete grupos – Time, ▶

Apesar de tudo o que, após Marx, escreveu-se sobre a ideologia e sua atuação no imaginário humano, foi na *Ideologia Alemã*, escrita entre 1845-46, que se evidenciaram seus traços fundamentais. Nela, Marx anotava que "quase toda ideologia se reduz ou a uma concepção absurda desta história [história dos homens], ou a uma concepção que dela faz total abstração", não sendo a ideologia nada mais do que um dos aspectos da história[93].

Ainda que previsões importantes de Marx não se tenham realizado e haja quem discuta ser o marxismo, ele próprio, uma ideologia[94], isto não o invalida como instrumento hábil à crítica do capitalismo, sobretudo em sua feição neoliberal. Como declarou François Furet, "um bom jeito de lidar com os textos de Marx é desconsiderar seus aspectos utópicos, mas tomar a sério sua crítica à modernidade"[95].

▶ Warner, Walt Disney, Bertelsmann, Viacom, News Corp, Seagram e Sony – aos que se acresce a fusão da Time-Warner, "engolfada, a seu turno, pela American Online, em 10 de janeiro de 2000, transação aprovada pela FCC, em 11 de janeiro de 2001", o que conduz à necessidade de "reavaliar a premissa do livre mercado de ideias" (idem, p. 110, nota 264). Sobre as vicissitudes atuais da imprensa no Brasil: Carta Capital, n. 83, 30 set. 998, n. 167, 28 nov. 2001; n. 179, 06 mar. 2002; n. 286, 14 abr. 2004. Sobre a propaganda capitalista, são fundamentais o estudo e as referências que dela faz COMPARATO, Fábio Konder. *A civilização capitalista: para compreender o mundo em que vivemos*. São Paulo: Saraiva, 2013. p. 116-119. Ver também CHOMSKY, Noam. *Deux heures de lucidité*. Entretiens avec Denis Robert e Veronika Zarachowicz. Paris : Les Arènes, 2001. p. 19.

93. MARX, Karl. *Idéologie allemande* (Conception matérialiste et critique du monde). In : *Oeuvres*. Edition établie et présentée et annotée par Maximilien Rubel. Paris : Gallimard, 1982. t. 3 (Philosophie) Bibliothèque de la Pléiade. p. 1037-1325, notadamente 1054, 1720, nota 1.

94. RICOEUR, Paul. *Interpretação e ideologias*. Tradução, organização e apresentação de Hilton Japiassu. Rio de Janeiro: Francisco Alves, 1977. p. 64-5.

95. FURET, François. Entrevista à Esther Hambúrguer, *Folha de São Paulo*, São Paulo, 04 jan. 1992. Caderno 5, p. 1; AZEVEDO, Plauto Faraco de. *Direito, justiça social e neoliberalismo*. São Paulo: Revista dos Tribunais, 2005. p. 103-6.

A "ciência econômica" e os custos sociais e ambientais

Para que se possa compreender e criticar a ideologia neoliberal, é preciso começar com a consideração do significado da economia, conforme suas projeções contemporâneas.

Diz-se ser a economia "a ciência que estuda a atividade produtiva", tendo em vista "o uso mais eficiente de *recursos materiais* escassos para a produção de bens", para o que estuda as variações e combinações dos fatores de produção - terra, trabalho, capital e tecnologia. "Sua preocupação fundamental refere-se aos aspectos mensuráveis da atividade produtiva, recorrendo para isso a conhecimentos matemáticos, estatísticos e econométricos."

É necessário destacar que o estudo da economia "abrange numerosas escolas que se apoiam em proposições metodológicas *comumente conflitantes*. Ao contrário das ciências exatas, a economia *não é desligada da concepção de mundo do investigador*, cujos interesses e valores interferem, conscientemente ou não, em seu trabalho [dito] científico"[96].

---

96. SANDRONI, Paulo (Org. e Supervisor) *Novíssimo Dicionário de Economia*. São Paulo: Best Seller, 2003. p. 189. O grifo é do autor.

Também se diz, habitualmente, que "a economia estuda a maneira pela qual os indivíduos, os grupos, as sociedades utilizam *recursos raros*, tendo em vista satisfazer da melhor forma possível suas necessidades". Para isso, os agentes econômicos dispõem de *meios limitados*, sendo *a ideia de raridade* fundamental para definir a atividade econômica, devendo os agentes econômicos fazer "cálculos para obter um máximo de satisfação com o mínimo de esforço ou com o mínimo de recursos utilizados". Assim sendo, a economia lida com a produção, a distribuição e o consumo de bens e com instituições e atividades que têm por objeto facilitar tais operações[97].

Distinguem-se os bens econômicos (raros) dos bens não econômicos (bens livres), sendo o ar exemplo dos últimos[98].

A economia é tratada como ciência, sendo sua elaboração permeada de conhecimentos matemáticos, estatísticos e econométricos, mas, na medida em que se refinou na teoria, afastou-se da realidade, construindo modelos tão sofisticados quanto irreais. Isto se explica porque há valores frequentemente ocultos na sua elaboração teórica, tradutores de interesses e da concepção de mundo dos seus elaboradores[99].

Hoje, a elaboração econômica apresenta, de modo acentuado, a influência da concepção neoliberal vigente, que defende o Estado não interventor na ordem econômi-

---

97. CAPUL, Jean-Yves & GARNIER, Olivier. *Dictionnaire d'économie et de sciences sociales*. Paris: Hatier, 1999. p. 132-3. O grifo é do autor.
98. *Ibid.*, p. 133-4. O grifo é do autor.
99. SANDRONI, Paulo (Org. e Supervisor), *op. cit.*, p. 189.

ca. Isto se evidencia em estudos realizados por professores de renomadas universidades norte-americanas e inglesas e por agentes econômicos situados na estrutura do Estado.

Como assinala Edgar Morin,

> "*é a relação com o não-econômico que falta à ciência econômica.* Esta é uma ciência cuja matematização e a formalização são cada vez mais rigorosas e sofisticadas; mas estas qualidades contêm o defeito de *uma abstração que se separa do contexto (social, cultural, político)*; ela conquista sua precisão formal esquecendo a complexidade de sua situação real..."[100].

Concentrando-se sobre os dados mensuráveis, *deixa de lado os custos sociais das decisões econômicas,* de que derivam frequentemente sofrimento, doenças, suicídios, alcoolismo, consumo de drogas, violências na família, etc. Os custos sociais ignorados traduzem-se em grandes gastos econômicos, que atingem a seguridade social a cargo do Estado e que são desconsiderados[101].

Segundo o conceito prevalente, a economia trata do uso eficiente de recursos materiais *raros*, escassos. Mas a atividade econômica real ignora o conceito e dilapida os recursos ambientais, ao mesmo tempo em que externaliza seus custos, dando-os como inexistentes. Recorrendo à *externalização* dos custos, delega a terceiros, subrepticiamente, o pagamento de seus custos, seja ao Estado, à sociedade ou à natureza. As operações de produção não in-

---

100. MORIN, Edgar e KERN, Anne Brigitte. *Terra-Pátria*. Tradução de Paulo Neves. Porto Alegre: Sulina, 1995. p. 70. Original francês: Terre-Patrie. O grifo é do autor.
101. BOURDIEU, Pierre. *Contre-feux*. Paris: Raison d'Agir, 1998. p. 45-46.

cluem "o custo de restauração do meio ambiente em vista de preservá-lo"[102]. Isto quando já não tiver sido destruído.

A concepção econômica hoje dominante tem sempre em vista o desenvolvimento, por vezes chamado crescimento, isto é, crescimento = desenvolvimento = prosperidade = felicidade. A expressão desenvolvimento vem sendo utilizada desde a Declaração de Estocolmo, de 1972[103], constando de tratados internacionais sobre meio ambiente e legislação ambiental, apesar de seu caráter indefensável. Como pode ser sustentada a ideia de desenvolvimento significando crescimento econômico, quando os recursos planetários são limitados e, logo, exauríveis?

Nem mesmo o ar, apesar de seu caráter ilimitado, pode ser desconsiderado pela economia, tendo em vista a sua progressiva contaminação e, consequentemente, sua diminuição para preservação da vida humana planetária. O mesmo se dá com os rios, com os oceanos, com as geleiras e com as florestas. Curiosamente, a floresta de pé não é computada no Produto Interno Bruto (PIB), mas o será se convertida em móveis, carvão ou palitos. O PIB apenas mede o valor das coisas quando o dinheiro muda de mãos. O trabalho feito pelas mulheres no lar não é con-

---

102. WALLERSTEIN, Immanuel. Ecologia e custos capitalistas de produção: sem saída. In:___ *O fim do mundo como o concebemos – Ciência social para o século XXI*. Tradução de Renato Aguiar. Rio de Janeiro: Revan, 2002. p. 111-121. Original: "The end of the world as we know it".

103. Declaração de Estocolmo. Estocolmo, Conferência das Nações Unidas sobre o meio ambiente, 1972. Nesta Conferência, realizada entre 5 e16 de junho, a humanidade exprimiu, pela primeira vez, a possibilidade de degradação ambiental global, tendo em vista o progresso e a utilização insustentável da tecnociência.

siderado no PIB[104]. A abstração econômica é de tal ordem que Celso Furtado, economista de renome internacional, escreveu:

> "Perceber que o mais importante é o social foi a descoberta mais relevante de minha vida. Descobri que os economistas podem ser tecnicamente sofisticados e, mesmo assim, não captar a dimensão social dos problemas. Há pouco li o artigo de um conhecido economista brasileiro que deixou o governo e abriu um escritório para vender assessoria. Ele mostrava que tudo o que estava acontecendo no Brasil era certo, que criar desemprego era muito importante, pois novos empregos seriam gerados mais adiante em outros setores. E o custo social até lá? No meio do caminho morre muita gente. Mas este seria o custo do progresso..."[105]

---

104. "O PIB aumenta quando as pessoas ingerem muita comida gordurosa e mais ainda quando fazem cirurgias para emagrecer. Aumenta com as vendas de pesticidas que provocam câncer e mais ainda com a venda de remédios para curá-lo – talvez pela mesma empresa... será isso o progresso". BOYLE, David. *O pequeno livro do dinheiro: uma visão instigante de como o dinheiro funciona.* Tradução de Gilson Cesar Cardoso de Sousa. São Paulo: Cultrix, 2005. p. 68-70. The Little Money Book.

105. FURTADO, Celso. *O longo amanhecer – reflexões sobre a formação do Brasil.* Rio de Janeiro: Paz e Terra, 1999. p. 93.

A crise mundial e
o problema ecológico

A chamada ciência econômica traz em seu cerne a ideia de desenvolvimento, cuja origem acha-se no pós-guerra, tendo sido adotada tanto pelo modelo capitalista quanto pelo "socialista". Como salienta Edgar Morin, há hoje uma crise mundial do desenvolvimento que se confronta com o problema ecológico, havendo "uma verdadeira tragédia do desenvolvimento [que] fundamenta o grande paradigma ocidental do progresso. O desenvolvimento deve assegurar o progresso, o qual deve assegurar o desenvolvimento". Trata-se de um *mito global* e de

> "uma concepção redutora, na qual o crescimento econômico é o motor necessário e suficiente de todos os desenvolvimentos sociais, psíquicos e morais. Essa tecno-economia ignora os problemas humanos da identidade, da comunidade, da solidariedade, da cultura. *A noção de desenvolvimento se apresenta gravemente subdesenvolvida* [...] O mito do desenvolvimento determinou a crença de que era preciso sacrificar tudo por ele. Permitiu justificar as ditaduras impiedosas, seja as de modelo 'socialista' (partido único), seja as de modelo pró-o-

cidental (ditadura militar). As crueldades das revoluções do desenvolvimento agravaram as tragédias do subdesenvolvimento. Após trinta anos voltados ao desenvolvimento, o grande desequilíbrio Norte/Sul permanece e as desigualdades se agravam."[106]

Sobre este problema essencial de nosso tempo, acresce Edgar Morin:

> "O desenvolvimento deve ser concebido de maneira antropológica. O verdadeiro desenvolvimento é o desenvolvimento humano. Cabe, portanto, retirar a noção de desenvolvimento de sua ganga economística. [...] Essa ideia de desenvolvimento nos faz tomar consciência de um fenômeno chave da era planetária: o subdesenvolvimento dos desenvolvidos aumenta precisamente com seu desenvolvimento tecno-econômico. O subdesenvolvimento dos desenvolvidos é um subdesenvolvimento moral, psíquico e intelectual."[107]

Verdade é que deste último aspecto praticamente não se tem consciência. O inesquecível José Lutzemberger, responsável pela criação da consciência ambiental no Brasil, já proclamava há décadas:

> "o simples dogma básico do pensamento predominante que diz que a economia tem que crescer sempre já é um absurdo. *Nada pode crescer sempre*

---

106. MORIN, Edgar; KERN, Anne Brigitte. *Terre-patrie*. Paris: Seuil, 1993. p. 89-90; _____Terra-Pátria, p. 82-83. O grifo é do autor. Ver também a este respeito WALLERSTEIN, Immanuel, *op. cit.*, p. 111-121, notadamente p. 115-116.
107. MORIN, Edgar; KERN, Anne Brigitte. *Terre-patrie*, p. 120-122; _____ Terra--Pátria, 108-110.

muito menos num espaço limitado. O pensamento econômico hoje dominante é suicida. Não podemos continuar olhando o planeta como um almoxarifado gratuito de fundos infinitos."[108]

Não havendo como suprimir a palavra desenvolvimento da legislação ambiental e, sendo indispensável uma perspectiva ecossistêmica, em escrito anterior sugerimos que, do ponto de vista hermenêutico, *desenvolvimento seja entendido como utilização sustentável dos recursos ambientais.* Do ponto de vista civilizatório, é necessário, além de um repensar econômico, buscar-se uma ética em conformidade com a complexidade da vida[109].

Até mesmo a Agência Espacial Norte-Americana (Nasa) não mais se restringe à preocupação com o que ocorre no céu e nos confins do universo, preocupando-se hoje com o que pode ocorrer em nosso planeta. Um estudo por ela financiado exprime a preocupação com o fim da civilização ocidental, observando que duas importantes realidades estavam presentes em várias sociedades que colapsaram: as civilizações que ruíram caracterizaram-se por explorarem excessivamente os recursos naturais e pela estratificação social em elites e classes. Os pesquisadores da Nasa asseguraram que nas sociedades pouco igualitárias é difícil evitar o colapso: "Nelas, as elites crescem e consomem muito, o que causa fome entre as classes mais baixas, algo que finalmente leva ao colapso".

---

108. LUTZEMBERGER, José. Nós estamos consumindo o planeta. *Valor*, E-10, 09 ago. 2000.

109. AZEVEDO, Plauto Faraco de. *Ecocivilização: ambiente e direito no limiar da vida*. 2ª ed. revista, atualizada e ampliada. São Paulo: Revista dos Tribunais, 2008. p. 125-30.

Depois de fazerem inúmeras alusões comprobatórias do que afirmam, assim terminam seu relatório: "O colapso pode ser evitado e a população pode chegar a um estado de máxima capacidade se a taxa de exploração da natureza se reduzir a um nível sustentável e seus recursos forem compartilhados de uma forma equitativa"[110].

---

110. Disponível em: https://br.notícias.yahoo.com/nasa-divulga-estudo-sobre-como-ser%C3%A1-o-fim-da-072358940.html Acesso: 10-09-2016

Mundo da economia e mundo humano

Concluindo longa investigação histórica sobre o objeto da economia, vendo-a como economia política, Avelãs Nunes lembra o essencial:

> "A economia política corre graves riscos se 'esquecer' que é uma ciência social, se fizer de contas que, por detrás dos fenômenos e dos processos que nela se estudam, não estão presentes sempre os homens, os homens de carne e osso, os grupos e as classes sociais, as várias formas de organizações criadas pelos homens, as nações e os estados [...]"[111]

Continua o mestre coimbrense:

> "J. Stuart Mill já tinha advertido que 'não pode ser bom economista quem for apenas economista'. E Keynes partilhava sem dúvida deste ponto de vista. Basta atentar no retrato que ele faz do *economista perfeito,* quando fala de Alfred Marschall: 'O economista perfeito deve possuir uma rara combinação de predicados. Deve atingir um elevado padrão em

---

111. NUNES, Avelãs A. J. *Noção e objeto da economia política.* Coimbra: Almedina, 1996. p. 101.

várias direcções diferentes e deve combinar talentos que não se encontram juntos muitas vezes. Ele tem que ser, de algum modo, matemático, historiador, homem de estado, filósofo [...] Deve estudar o presente à luz do passado tendo em vista o futuro. Nenhum aspecto da natureza humana ou das suas instituições deve ficar inteiramente fora de sua observação. Deve ser simultaneamente comprometido e desinteressado [...]"'[112]

A complexidade da vida econômica não é suficiente para explicar o divórcio entre *o mundo da economia e o mundo dos homens*. Esta separação resulta de uma concepção falseadora da realidade econômica, em harmonia com os interesses dominantes, que por isto são omitidos.

É indispensável perceber as deficiências da teoria econômica atual, em suas abstrações afastadas da realidade humana, perceptíveis nas decisões do Fundo Monetário Internacional (FMI), determinando que os Estados em dificuldades econômicas apliquem suas regras uniformes e recessivas como condição de seus empréstimos. Quem não vê que de tais diretrizes têm derivado desemprego estrutural e desassossego social?

Não se pode esquecer que "a ciência econômica pressupõe sempre [...] uma determinada concepção do homem", não devendo "confundir-se com uma 'técnica' e muito menos com a técnica esotérica"[113].

Já bem antes da globalização neoliberal, Alain Barrère, em 1952, deixava clara a objeção e os limites de uma

---

112. *Ibid.*
113. Avelãs Nunes, *op. cit.*, p. 102-3.

concepção econômica pretensamente neutra, indiferente ao homem:

> "O economista não pode, como o físico, conservar uma neutralidade absoluta diante dos problemas de que trata, pois estes problemas são daqueles que, por excelência, suscitam o julgamento de valor do homem que se encontra com eles comprometido. A indiferença moral do economista a propósito dos problemas econômicos é praticamente impensável, *a menos que nele o erudito tenha matado o homem*. É por isto que a doutrina [keynesiana], apesar de atualmente eclipsada, não desaparecerá enquanto subsistirem homens no pleno sentido do termo"[114].

Outro aspecto da concepção falseadora da realidade econômica consiste em confundir a globalização neoliberal com o liberalismo, deixando de lado ou menosprezando o Estado do Bem-Estar Social (*Welfare State*). Tem-se que ter sempre em mente que o liberalismo foi, à época, um avanço histórico e respondeu a uma necessidade político-jurídica, enquanto o neoliberalismo, pretendendo restabelecer o liberalismo, representa uma manifesta regressão histórico-política.

Como observa Viviane Forrester, pretende-se impedir o livre curso do pensamento, em virtude da possibilidade de contrariar aquilo que se afirma ser o único mundo possível. Isto não se faz por acaso, mas porque "o pensamento é político [...] daí a luta insidiosa cada vez

---

114. BARRÈRE, Alain. *Théorie économique et impulsion keynésienne*. Préface de Jean Marchal. Paris: Dalloz, 1952. p. 15.

mais eficaz, hoje mais do que nunca, contra o pensamento. Contra a capacidade de pensar."[115]

É necessário que se desperte e constate "que não vivemos sob o império de uma fatalidade", mas sob um regime político que "se instalou às nossas vistas, mas à nossa revelia [...] *Este regime globalitário detém a verdadeira administração do planeta*". Ele delega aos governos a aplicação do que determina. Trata-se "de colocar em marcha uma ideia fixa, que poderíamos mesmo chamar de 'maníaca': a obsessão de abrir caminho à corrida sem obstáculos ao lucro, um lucro cada vez mais abstrato, mais virtual".[116]

Como já ponderava John Dewey, em 1946, examinando historicamente a relação entre autoridade e liberdade, o liberalismo individualista já havia cumprido o seu papel, promovendo modificações indispensáveis impedidas pela autoridade estatal. A oposição sistemática à autoridade estatal em favor da liberdade individual, como ocorrera no domínio econômico com o *laissez-faire – laissez-passer*, não havia sequer proporcionado a liberdade para a grande maioria dos indivíduos, deixando-os à mercê de seus patrões que detinham o controle dos meios de produção. O que diria, hoje Dewey, se visse a ressurreição destas ideias historicamente ultrapassadas, sob a denominação enganosa de modernidade?

Dewey ficaria perplexo, pois bem percebera o que havia sucedido:

---

115. FORRESTER, Viviane. *L'horreur économique*. Paris: Fayard, 1996. p. 96.
116. FORRESTER, Viviane. Uma estranha ditadura. Tradução de Vladimir Safatle. São Paulo: UNESP, 2001. p. 6-7. O grifo é do autor.

"as forças econômicas, por meio de seus representantes, intérpretes e agentes – os economistas oficiais e os industriais – reclamavam a prerrogativa divina de um reinado absoluto sobre todas as coisas humanas e terrenas. O economista, o industrial e o financista foram os novos pretendentes do antigo direito divino dos reis [...] A nova filosofia, enquanto afirmava a sua completa e leal devoção ao princípio da liberdade individual, na verdade empreendeu a justificação da atividade de uma nova forma de concentração de poder: o poder econômico."[117]

---

117. DEWEY, John. *Problems of men.* New York: Philosophical Library, 1946. p. 111-117; há tradução em espanhol: _____El hombre y sus problemas. Trad. de Eduardo Prieto. 3. ed. Buenos Aires: Paidós, 1967. p. 113-115.

A falácia de uma repetição do liberalismo

É inadmissível pretender reestabelecer o liberalismo econômico no contexto do século XXI. Isto significaria a rejeição de tudo aquilo que foi propiciado pelo Estado do Bem-Estar Social, cujo intervencionismo foi gerando mecanismos institucionais destinados à proteção dos menos favorecidos, protegendo-os no trabalho e na velhice, assegurando-lhes a saúde, realizando obra de justiça distributiva no melhor sentido do termo advindo de Aristóteles, culminando na Social Democracia Europeia, que constitui a maior realização político-jurídica da história humana.

Com a queda do Muro de Berlim, em 1989, e o desaparecimento da União Soviética, em 1991, sob a influência de Margaret Thatcher, na Inglaterra, e de Ronald Reagan, nos Estados Unidos, o mundo deixou de ser bipolar e de afrontar-se constantemente na Guerra Fria, tornando-se unipolar.

Teve destaque a atuação de Margaret Thatcher – primeira-ministra da Inglaterra – para sedimentar a pretensão da volta do liberalismo oitocentista. Em 1984-1985, enfrentou de modo desmedido a greve dos mineiros ingleses, vendo-a como guerra civil e não como uma luta entre empregados e patrões. Tendo em vista que 80% da produção de eletricidade derivava da exploração do carvão, Margaret Thatcher denominou os mineiros em greve de "inimigos internos", mobilizando contra eles todo o arsenal repressivo do Estado.

Encontrava-se o Reino Unido em declínio econômico, do que advinha forte descontentamento social. A "Dama de Ferro", radicalizando o confronto, do qual resultaram 200 mil feridos, acabou por vencê-lo apoiada pelo poder judiciário inglês e tendo os mineiros perdido o apoio do Partido Trabalhista. Dessa situação histórica dramática resultou a privatização do setor energético. "O resultado da greve não só devastou a profissão dos mineiros e as condições de vida de suas famílias, como também acelerou o enfraquecimento do mundo sindical em seu conjunto, agravando [...] as desigualdades sociais – e precipitando o nascimento de um '*New Labor*' [Novo Partido Trabalhista], mais atento que os 'velhos' trabalhistas aos interesses das multinacionais." Ronald Reagan também revelou séria ofensiva antissindical, agindo contra "o movimento dos controladores aéreos dos Estados Unidos que foram por ele duramente reprimidos"[118].

A atitude antidemocrática de Margaret Thatcher revelou-se indubitavelmente com a criação da *poll-tax,* em 1990, que ocasionou sérias revoltas populares na Grã-Bretanha. A *poll-tax* foi um imposto comunitário criado para substituir o imposto sobre a propriedade, que incidia sobre todos igualmente, independentemente da

---

118. MILNE, Seumas. Et Margaret Thacher brisa les syndicats. In : *L'Atlas: histoire critique du XXe. siècle.* Paris: *Le Monde Diplomatique*, 2010. p. 88-89.

renda ou dos bens do contribuinte. Por esta forma, o homem mais rico da Grã-Bretanha pagaria o mesmo que seu motorista[119].

Com a mudança geopolítica que estabeleceu o mundo unipolar, busca-se a volta do capitalismo sem limites expressa pelo liberalismo intransigente, defendida por Friedrich Hayek e Milton Friedman, professores universitários, respectivamente, da London School of Economics e da Universidade de Chicago. Esses economistas nunca descansaram na luta pela volta do liberalismo. Foi fundamental o trabalho que realizaram na sociedade Mont Pelèrin (Suíça), fundada por Hayek em 1947, em plena vigência do Estado do Bem-Estar Social, tendo começado a prosperar com a recessão iniciada em 1973.

O ponto essencial dessa doutrina encontra-se na afirmativa de que as raízes da crise se achavam "no poder excessivo dos sindicatos e, de maneira mais geral, do movimento operário, que teria corroído as bases da acumulação capitalista com suas pretensões reivindicatórias sobre os salários e sua pressão parasitária para que o Estado aumentasse cada vez mais os gastos sociais". Por isto, afirmavam ser indispensável a parcimônia nos gastos sociais em busca da meta fundamental – a estabilidade monetária[120].

---

119. Violenta reação a imposto criado por Thatcher, *Zero Hora*, Porto Alegre, mar. 1990. p. 22. O grifo é do autor.
120. ANDERSON, Perry. Balanço do neoliberalismo. In: SADER, Emir; GENTILI, Pablo (org.). *Pós-neoliberalismo: as políticas sociais e o Estado democrático*. 3ª ed. Rio de Janeiro: Paz e Terra, 1996. p. 10-11.

A falsa pretensão de "modernidade", sustentada pelo neoliberalismo globalitário, não pode levar ao esquecimento daquilo que foi realizado pelo Estado do Bem-Estar Social. O direito positivo foi modificando princípios e conceitos, *atenuando o individualismo liberal*. É o que sobressai das considerações de Wieacker, observando a modificação que sofrera o direito privado, tal como concebido pela Escola Histórica Alemã. A experiência político-jurídica da antiga sociedade burguesa (europeia) fora desaparecendo cada vez mais porque já não bastava para a legitimação da ordem jurídica perante a consciência social. A tendência intelectual, perceptível na década de 1960, tanto na legislação quanto na aplicação do direito, era a da *solidariedade*. Tendo escrito em 1967, este insigne historiador do direito ajunta que a aplicação do direito, relativamente a figuras típicas do Direito Privado, tornou-se sensível aos interesses sociais. A liberdade já não era "apenas limitada pela liberdade dos outros particulares, mas também pelos reflexos da solidariedade social, nas relações intersubjetivas entre os sujeitos de direito"[121].

Não há dúvida de que a Ciência Jurídica e a jurisprudência alemãs caminharam resolutamente na direção preconizada por François Gény ao escrever que se fazia sentir a necessidade de introdução, no direito positivo, de "*mais fraternidade profunda*" ou de "*maior solidariedade social*", a fim de assegurar "uma repartição dos ga-

---

121. Wieacker, Franz. *História do direito privado moderno*. Trad. de A. M. Botelho Hespanha. 2ª ed. rev. Lisboa: Fundação Calouste Gulbenkian, 1980. Original: Privatrechtgeschichte der Neuzeit unter besonderer Berücksichtigung der deutschen Entwicklung. p. 718. O grifo é do autor.

nhos mais exatamente proporcionada aos esforços e às necessidades de cada um", atenuando os rigores excessivos do direito individual, tendo em vista "o interesse social e comum"[122].

A doutrina e a jurisprudência francesas evoluíram estabelecendo limitações ao direito de propriedade e ao poder de contratar, no direito privado. E, no direito público, conceberam a atividade estatal em termos de serviço público ou de interesse geral. *Por obra da jurisprudência, estabeleceu-se uma nova ética no direito, buscando ultrapassar a cisão indivíduo-sociedade no sentido de uma "construção comunitária da vida social"*[123].

Hoje, vemos uma tendência oposta. Liberado o *establishment* de contraposição política com o desaparecimento da União Soviética, o mercado pretende reinar de modo inconteste, buscando realizar o que cedera por temor da expansão do "socialismo real".

As ideias de Friedrich Hayek e Milton Friedman já haviam começado a prosperar com a recessão iniciada em 1973. Além da disciplina orçamentária, entendiam necessária a restauração da "*taxa natural de desemprego*", a contenção dos gastos com bem-estar e a criação de um exército de reserva de trabalho para quebrar os sindicatos. Corolários desta política deveriam ser "reduções de impostos sobre os rendimentos mais altos e sobre as

---

122. Gény, François. *Méthodes d'interprétation et sources en droit privé positif.* Préf. par Raymond Saleilles. 2.éd. rev. et mise au courant. Paris: Librairie Générale de Droit et Jurisprudence, 1954. v. 2, p. 225. O grifo é do autor.

123. Belaid, Sadok. *Essai sur le pouvoir créateur et normatif du juge.* Paris: Librairie Générale de Droit et de Jurisprudence, 1974. p. 255-6. O grifo é do autor.

rendas. Desta forma, uma nova e saudável desigualdade iria voltar e dinamizar as economias avançadas"[124].

---

124. Anderson, Perry. *Balanço do neoliberalismo*. In: Sader, Emir & Gentili, Pablo, org. Pós-neoliberalismo: as políticas sociais e o Estado democrático. 3ª ed. Rio de Janeiro: Paz e Terra, 1996. p. 10-11; AZEVEDO, Plauto Faraco de. *Ecocivilização: ambiente e direito no limiar da vida*. 3ª ed. São Paulo: Revista dos Tribunais, 2014. p. 59-62.

A globalização neoliberal e o "pensamento único"

As proposições de Hayek e Friedman impuseram-se, rápida e decisivamente, graças à *sua difusão universitária com o apoio da mídia*. Apregoando traduzir a modernidade e exprimir o "fim da história", instalava-se o "pensamento único", como veio a denominá-lo Ignacio Ramonet em sucessivos editoriais no *Le Monde Diplomatique*. Como assinala Ralph Dahrendorf, há indiferença relativamente àqueles que são progressivamente excluídos do circuito econômico. O desenvolvimento, que efetivamente se instaurou e prosperou, foi o da *rapina da natureza* e da *imensa maioria dos seres humanos,* relegados já não mais à condição de cidadãos de segunda classe, mas de "não cidadãos", dos quais se pode prescindir[125].

Pretende-se pensar tudo no curto prazo, em busca do ganho econômico imediato no menor tempo possível, sem consideração à dignidade humana. Nessa modernidade novecentista, que se quer manter no século XXI, impera a ló-

---

125. DAHRENDORF, Ralph. Quadrare il cerchio. *Benessere economico, coesione sociale e libertà politica*. Trad. de Rodolfo Rini. Roma : Laterza, 1995. Original: Economic opportunity, civil soicety, and political liberty. passim O grifo é do autor.

gica econômico-financeira, à margem da ética e indiferente à finitude dos recursos planetários indispensáveis à vida.

Quer-se o império do mercado sem limites, destruindo-se os serviços públicos, privatizando-se bens estatais, desprezando-se o desemprego estrutural. E tudo isto com ares de cientificidade, apoiado pelo discurso obscuro de economistas de visão estreita, sob o comando do Fundo Monetário Internacional, do Banco Mundial e da Comissão Europeia, que privilegiam os bancos em detrimento da sociedade.

O neoliberalismo é louvado pelos intelectuais do *establishment*, apoiados naquilo que se denomina ciência econômica, urdida notadamente nos Estados Unidos e na Inglaterra, donde foi transmitida inicialmente ao Terceiro Mundo. Hoje, expande-se à Europa, apesar da resistência popular, o que demonstra que o poder estatal está deixando de lado a representatividade social, o que evidencia a crise democrática por que passa o mundo. Consagra-se um novo "*apartheid social*"[126]. Glorifica-se a lei do mercado, isto é, a lei dos mais fortes, estabelecendo-se o reino dos mercados financeiros[127].

---

126. Lopez, Robert. Un nouvel apartheid social. Hautes murailles pour villes des riches. *Le Monde Diplomatique*. Paris, mars 1996. N. 504, p. 1-12. No Brasil, Alphaville foi precursora no estabelecimento do "fosso social" nas ruas do Morumbi. Carelli, Wagner. Pequeno tratado do malcriado brasileiro. *Carta Capital*, São Paulo 15:13-25, out. 1995. Na Bahia, isolam-se quatro favelas de Salvador por um muro de quase cinco quilômetros de extensão e sete metros de altura, alegando-se motivos de ordem técnica e "proteção" dos moradores. Muro serve para isolar 10 mil favelados. *Folha de São Paulo*, São Paulo, 05 out. 2000. Folha Cotidiano, p. C1. Fecha-se assim o cerco: gradeiam-se as casas, circunscreve-se a consciência, mura-se a favela, de modo a esfumar-se a dramática realidade.
127. Bourdieu, Pierre. "Le mythe de la "mondialisation" et l'État social européen". In:_____ *Contre-feux*. Paris: Raisons d'Agir, 1998. p. 40.

A sociedade dos "vinte por oitenta"

O desejo de afastamento da justiça social se evidenciou em fins de 1995, quando Mikhail Gorbachov recepcionou a elite do mundo no Hotel Fairmont, em São Francisco, Califórnia. Deste encontro a imprensa foi praticamente excluída. Hans-Peter Martin foi um dos três únicos jornalistas admitidos como observadores, o que lhe veio a permitir relatá-lo, junto com Harald Schumann, no livro *A armadilha da globalização*.

De seu relato colhem-se dados significativos da essência do mundo então planejado. Desse encontro participaram 500 cientistas e líderes empresariais mundiais, tendo em vista apontar os caminhos para o século XXI, rumo a "uma nova civilização". Lá, estiveram o ex-presidente norte-americano George Bush, a primeira-ministra britânica Margaret Thatcher – líderes políticos da globalização neoliberal –, e Ted Turner, proprietário da CNN, cujas empresas uniram-se às da Time-Warner, do que resultou o maior complexo de comunicações do planeta.

Os debates duraram três dias, reunindo, em grupos de trabalho, os grandes nomes da informática e das finanças, "os sacerdotes da economia, as maiores cabeças pensantes de Stanford, Harvard e Oxford", tendo também sido ouvidos os porta-vozes do livre comércio vindos de Cingapura e da China. Deste encontro resultou o planejamento da sociedade dos "*vinte por oitenta*"[128].

São emblemáticas, parecendo inacreditáveis certas declarações então emitidas. David Packard, cofundador da Hewlett-Packard, afirmou que, das 16 mil pessoas trabalhando em sua empresa, excetuando uma pequena minoria, as demais seriam demissíveis "em caso de racionalização".

A possibilidade de inimagináveis massas de desempregados foi encarada com naturalidade. "Os pragmáticos, reunidos no famoso Hotel Fairmont, [resumiram] o futuro em um par de números: '20 por 80'. Vinte por cento da população em condições de trabalhar no século XXI bastariam para manter o ritmo da economia global". A isto acresceu o magnata oriental Washington Sycip que os "vinte por cento participariam ativamente da vida, do lazer e do consumo – fosse qual fosse o país". O restante, cerca de oitenta por cento das pessoas aptas a trabalhar, ficaria sem emprego[129].

Em defesa de tal sociedade, colaboraram influentes jornais e políticos alemães, que aceitaram e divulgaram a ideia de que a Europa vivera acima de suas possibilidades, impondo-se, por isto, a necessidade de apertar o cinto, isto

---

128. MARTIN, Hans-Peter & SCHUMANN, Harald. *A armadilha da globalização. O assalto à democracia e ao bem-estar social*. 4ª ed. São Paulo: Globo, 1998. Título original: Di Globalisierungsfalle. p. 7-12. Os autores deste livro são jornalistas experientes e bem titulados. À época da redação deste livro, o primeiro era correspondente internacional do semanário alemão *Der Spiegel* e o segundo trabalhava no escritório de Berlim deste mesmo veículo de imprensa. p.7-8.

129. *Ibid.*, p. 7-12.

é, efetuar o nivelamento por baixo. Os políticos atribuíam as dificuldades, por que passavam as economias alemã e austríaca, às "altas remunerações" atribuídas aos seus cidadãos, às suas "férias exageradas" e às "faltas ao serviço por motivo de doença".

O influente jornal *Frankfurten Allgemeine* afirmou: "A sociedade ocidental de exigências colide com a cultura asiática do sacrifício. O Estado do Bem-Estar Social teria se tornado uma 'ameaça futura' e 'uma maior disparidade social' é inevitável". O jornal austríaco de maior circulação – *Neue Kronenzeitung* – destacava que "O continente europeu viveu acima de suas possibilidades: nova onda de cortes choca a Europa".

O presidente alemão – Roman Herzog– endossava tais declarações e as expressava em seus discursos ao povo, afirmando que a mudança era "inevitável", impondo sacrifícios a todos.

Mas, como sustentam Hans-Peter Martin e Harald Schumann, o presidente alemão se equivocou, pois os reformadores da era da globalização punham "em marcha algo mais do que o mero gerenciamento de uma crise", querendo, na verdade, "rescindir o acordo tácito do governo alemão com a sociedade, o pacto que mantinha a disparidade social em níveis suportáveis, mediante a redistribuição de renda de cima para baixo". O modelo europeu do Estado do Bem-Estar Social estaria superado, por ter-se tornado exageradamente caro[130].

---

130. MARTIN, Hans-Peter e SCHUMANN, Harald, *op. cit.*, p. 13-14.

Em seu lugar, emergiu a *nova ordem internacional do capital*, com a ameaça de fuga de capitais, exigências de drásticas reduções de tributos empresariais, renúncia fiscal por parte dos Estados e subvenções estatais por meio da exigência de infraestrutura gratuita, a tudo se somando as declarações de lucros somente nos Estados onde a alíquota de impostos fosse mínima[131].

"Após todas as reformas do século social-democrático", veio a contrarreforma de dimensões globais: *"para trás, eis o lema do futuro"*. Não se trata, como se quer fazer crer, "de um processo natural, resultante de um progresso técnico e econômico impossível de deter". Trata-se de "uma política deliberada, consciente de suas metas. Cada acordo e cada lei foram aprovados pelos governos e seus parlamentos, cujas deliberações removeram as barreiras alfandegárias, permitindo o livre trânsito de capital e mercadorias, por cima das fronteiras". Por exigência do Banco Mundial e do Fundo Monetário Internacional, passaram a vigorar a desregulamentação, a liberação do comércio e do fluxo de capitais e a privatização das empresas estatais[132].

---

131. MARTIN, Hans-Peter & SCHUMANN, Harald, *op. cit.*, p. 16.
132. *Ibid.*, p. 16-18. O grifo é do autor.

PARTE II

AGRESSÃO À DEMOCRACIA

Capítulo I

DESVIRTUAMENTO DO PODER ESTATAL

A globalização neoliberal e a legalização da tortura nos Estados Unidos (2006)

A globalização neoliberal prossegue, apesar do desastre social que desencadeou ser planetariamente visível. Nos EUA, a criminalidade cresceu de modo assustador, tendo a construção de presídios se tornado uma indústria importante[133]. Também neste país, como salienta o economista político Robert Reich, verifica-se o aumento da desigualdade[134].

A pretexto de combate ao terrorismo, infringem-se os direitos fundamentais de primeira dimensão, sem que

---

133. CHOMSKY, Noam. O pessimismo do intelecto e otimismo do desejo. Entrevista concedida à Laís Chaffe. *Jornal da Universidade*, Porto Alegre, UFRGS, jan.-fev. 2002.

134. O economista político Robert Reich, professor da Universidade da Califórnia, em Berkeley, assinala no documentário *Inequality for all* que "uma forma de medir o aumento da desigualdade da renda é comparar o salário do trabalhador médio com o trabalhador do topo do mercado. Em 1978 um trabalhador norte-americano típico ganhava cerca de 48.000 dólares anuais, enquanto um profissional de elite recebia cerca de 393 mil dólares anuais. Em 2010, o trabalhador médio viu seus ganhos reduzidos a 33 mil dólares anuais, enquanto o profissional do topo pulou para mais que o dobro, aproximadamente 1,1 milhão de dólares anuais". Mas a desigualdade é tanto mais brutal quando se examina os rendimentos dos megamilionários. "Eles cresceram tanto nas décadas neoliberais que hoje, conta Reich, as 400 pessoas financeiramente mais ricas dos EUA ▶

se atente ao princípio do devido processo legal (*due process of law*).

Após o ataque às Torres Gêmeas (*World Trade Center*), em 11-09-2001, houve o encarceramento de estrangeiros considerados suspeitos de terrorismo, por prazo indeterminado, com fundamento na lei – *USA Patriot Act* –, sancionada em 26-10-2001, apesar de sua notória inconstitucionalidade. O Congresso norte-americano a aprovou por ampla maioria, alargando os poderes do *Federal Bureau of Investigation* (FBI) e de outras agências de manutenção de ordem, à margem da cláusula *due process of law*. A referida lei também permitiu o confisco de bens pelo presidente norte-americano e facilitou as escutas telefônicas sem maior formalidade. O pouco interesse jornalístico norte-americano pelo assunto revelou "a morte de uma imprensa que defendia, em Washington, o acesso à informação pública e fiscalizava as tentações liberticidas do Governo – do *Watergate* ao *Irãgate*"[135].

Sobre a agressão aos direitos fundamentais, Alan Dershowitz, professor em Harvard e advogado eminente,

---

▶ possuem mais que metade da população do país – os 150 milhões de norte-americanos da base da pirâmide". CASTILHO, Inês e BARKER, Andrew. *EUA: o aumento brutal da desigualdade*. Disponível em: http://www.outraspalavras.net Acesso em: 24-01-2013. Estes dados datam de 2013, mas a desigualdade nos Estados Unidos é, hoje, significativamente pior, a tal ponto que esta é uma das hipóteses aventadas para explicar a inesperada vitória presidencial de Donald Trump.

135. RIVIÈRE, Philippe. Démolisseur des libertés américaines. *Le Monde Diplomatique,* Paris, mars 2003, p. 22; RATNER, Michael. Quand les États Unis immolent leurs libertés. *Manière de Voir – Le Monde Diplomatique,* Paris, oct.-nov. 2003; Sobre as medidas de combate ao terrorismo, tomadas com base no *USA Patriot Act*, Vinícius Diniz Vizzotto realizou excelente estudo, salientando ▶

declarou, em 2003: "Estamos utilizando métodos brutais de interrogatório e não estamos admitindo isto publicamente". Chegou a sugerir a legalização desta prática, esperando, assim, que se atenuasse a crueldade dos interrogatórios[136].

O Senado dos Estados Unidos aprovou, em 28 de setembro de 2006, a tortura e o fim do direito fundamental de um acusado de ter acesso às provas contra si, em se tratando de estrangeiros (incluindo imigrantes) que sejam definidos como "inimigos" pelo presidente dos Estados Unidos. A aprovação desta lei, denominada *Lei de Comissões Militares*, outorgou "um tipo de anistia para possíveis crimes de guerra cometidos por agentes norte-americanos nos últimos anos (por tortura, prisão clandestina, desaparecimento e outros)". A tortura foi autorizada com o nome oficial de "*técnicas de interrogatório*", anulando o direito dos detidos de contestar as razões de sua prisão e referir o tratamento recebido.

▶ que ofenderam a primeira, quarta, quinta e sexta emendas da Constituição norte-americana, fundando-se o autor em excelente bibliografia. "O Patriot Act foi a reação mais visível e imediata tomada pelo governo americano para combater os atos de terrorismo perpetrados no fatídico dia 11 de setembro de 2001. Assinada pelo presidente George Bush, em 23 de outubro de 2001, após rápida e quase unânime aprovação do Senado, a citada lei expande o nível de atuação das agências nacionais de segurança (FBI), bem como das internacionais de inteligência (CIA), conferindo-lhes poderes até então inéditos [...] o texto integral, composto por 342 páginas aborda mais de 15 estatutos [leis]." Percebe-se, pelo contexto desta lei, "a existência de choque entre direitos fundamentais: de um lado, o direito fundamental à segurança nacional, inerente à comunidade americana, e, de outro, as liberdades civis dos cidadãos norte-americanos". VIZZOTTO, Vinicius Diniz. A restrição de direitos fundamentais e o 11 de setembro: breve análise de dispositivos polêmicos do Patriot Act. Direito e Democracia, Canoas, v. 5, n. 1: 223-256, segundo sem. 2004.

136. DERSHOWITZ, Alan. *Guerrilheiros dos tribunais*. Veja, 17 set. 2003, p. 11-15.

Essa lei também outorgou ao Presidente ou a seus representantes o poder de designar qualquer cidadão do mundo, inclusive os imigrantes legais nos Estados Unidos, como "combatente inimigo ilegal", possibilitando a sua prisão por tempo indeterminado sem acesso a um tribunal. Ainda, ninguém pode processar o governo norte-americano em tais hipóteses, com base nas *Convenções de Genebra*. A validade das provas obtidas por tortura depende exclusivamente de o juiz crer em sua confiabilidade. Tal lei atenta contra os fundamentos dos sistemas legais ocidentais e contra a Constituição dos Estados Unidos – o que não tem precedente.

O diretor do Centro de Direitos Constitucionais dos Estados Unidos, Vincent Warren, disse que a lei "outorga ao presidente o privilégio de monarcas, permitindo-lhe encarcerar qualquer crítico como suposto combatente inimigo", impedindo que um tribunal possa contestar sua prisão ou o tratamento a que tenha sido submetido. A *Anistia Internacional* declarou que a aprovação desta lei "coloca em dúvida o compromisso dos Estados Unidos com os princípios fundamentais da justiça e de julgamentos imparciais". Já o *New York Times* escreveu que, no futuro, os norte-americanos recordarão que "em 2006 o Congresso aprovou uma lei tirânica que será comparada com os momentos mais baixos de nossa democracia"[137].

---

137. BROOKS, David. *Senado dos Estados Unidos consuma a aprovação da tortura*. Disponível em: http://carta maior.com.br/?/Editoria/Internacional/Senado-dos-Estados Unidos-consuma-a-aprovação-da-tortura Acesso em: 01 set. 2015.

A atuação da mídia

Completaram-se quinze anos da invasão do Iraque pelos Estados Unidos e Inglaterra (19/03/2003), sob o mando de George W. Bush e Tony Blair, sem autorização da ONU. Quis-se justificar esta intervenção, manifestamente contrária ao direito internacional público, afirmando-se a existência de um arsenal de armas químicas de destruição maciça, que Saddam Hussein teria armazenado em seu território. Tal arsenal jamais existiu, como ficou comprovado, tendo tido a invasão o objetivo de assumir o controle do petróleo iraquiano. Nesta guerra, morreram acima de 100 mil civis e destruiu-se boa parte do país mediante bombardeios de alcance indiscriminado. Agravou-se o antagonismo entre a maioria xiita e a minoria sunita, transformando-o em guerra civil, ocasionando o surgimento do Estado Islâmico (EI), que chegou a dominar parte do Iraque. Até a invasão, Saddam Hussein foi apoiado pelos Estados Unidos, apesar de ter determinado ação criminosa contra os curdos, no norte do país, usando armamento químico, manifestamente proibido pelas leis internacionais.

Apesar de existirem jornais não comprometidos com o poder econômico, dentre os quais se destacam o *Le Monde* e o *Le Monde Diplomatique*[138], é indispensável que se leiam os jornais defensores da atual concepção econômica, dentre eles o *Financial Times* e o *The Economist*, para que se conheça a posição que defendem[139]. Como assinalava Aristóteles, é preciso ser capaz de persuadir do contrário da tese que se defende, "para não ignorar como se põem as questões, e, se outrem argumenta contra a justiça, saber refutá-lo"[140].

Saber filtrar a informação é essencial, pois "estamos sujeitos ao rebentar ininterrupto de acontecimentos sobre os quais não podemos meditar porque são logo substituídos por outros". É o que sucede com as imagens de fome, desgraças e desastres todos os dias, passadas tão rápida e irrefletidamente, que assim se banalizam, saturando-nos:

---

138. Há uma edição mensal deste jornal, em português.
139. Sendo impossível especificar tudo o que a imprensa publicou sobre a invasão do Iraque, o(a) autor(a) destaca, em ordem cronológica: RECH, Marcelo. Imprensa é controlada com precisão cirúrgica. *Zero Hora*, Porto Alegre, 25-03-2003, p. 12; George Bush no despeja las dudas sobre su credibilidad en su última entrevista de televisión. *El País,* Madrid, 10-02-2004, p. 5; TEIXEIRA, Francisco Carlos. Saddam Hussein: um julgamento justo? Disponível em: https://www.cartamaior.com.br/?/Coluna/Saddam-Hussein-um-julgamento-justo-/19322; Iraque abre seu petróleo a estrangeiros. *Folha de São Paulo*, São Paulo, 01-07-2008, p. A 10; Guerra no Iraque agora tem data para terminar. *Zero Hora*, Porto Alegre, 28-02-2009, p. 28; MURTA, Andrea. Ocupação do Iraque completa seis anos fora de foco. *Folha de São Paulo*, São Paulo, 20-03-2009, p. A 12; O lento retorno dos refugiados ao Iraque. *Zero Hora*, Porto Alegre, 09-05-2009, p. 26; Iraque vai às urnas: terror e morte para reconciliar. *Zero Hora*, Porto Alegre, 08-03-2010; Hora de sair: a guerra do Iraque mais perto do fim. *Zero Hora*, Porto Alegre, 03-08-2010, p. 28; VERISSIMO, Luis Fernando. Crimes e livros. *Zero Hora*, 09-09-2010, p. 2; De malas prontas. Cronologia do conflito. *Folha de São Paulo,* São Paulo, 16-12-2011, p. A 16.
140. ARISTOTE. *Rhétorique*. 2.éd. Paris: "Les Belles Lettres", 1960. I, 1355a, p. 74.

"*Enquanto a informação dá forma às coisas, a superinformação nos submerge no informe*"[141].

---

141. MORIN, Edgar. *Para sair do século XX*. Trad. de Vera Azambuja Harvey. Rio de Janeiro: Nova Fronteira, 1986. p. 43-45. Original: Pour sortir du XXe.siècle , p. 31. O grifo é do autor.

Capítulo II

EXCLUSÃO SOCIAL E AMEAÇA À VIDA

A mensagem neoliberal:
exclusão social e desemprego

O melhor modo de desmistificar a mensagem neoliberal consiste em contrastá-la com a realidade, que mostra a crescente exclusão social e o desemprego estrutural. A concentração do capital e do poder acelerou-se extraordinariamente durante os últimos 20 anos. A globalização, conquistando mercados, não tem interesse na conquista de territórios, como sucedeu no colonialismo. O que visa, como assinala Ramonet, é "*a tomada de posse das riquezas*". E novos perigos aparecem: hiperterrorismo, fanatismos religiosos ou étnicos, crime organizado, redes mafiosas, especulação financeira, falências de empresas gigantes (Enron[142], por exemplo), grande corrupção, poluição de forte intensidade, efeito estufa, desertificação, etc. Enquanto tudo isto sucede, desvia-se a atenção falando no "melhor dos mundos". Nisso tem papel saliente a internet,

---

142. A Enron Corporation foi uma companhia de energia norte-americana, localizada em Houston, Texas. Empregava cerca de 21000 pessoas, tendo sido uma das empresas líderes no mundo em distribuição de energia (electricidade, gás natural) e comunicações, mas decretou falência. Seu faturamento atingia 101 bilhões de dólares em 2000, pouco antes do escândalo financeiro que ocasionou sua falência. Disponível em: https://pt.wikipedia.org/wiki/Enron. Acesso em: 25-03-2018.

a *world culture* e a comunicação planetária propiciada pelas tecnologias da informação que "representam, mais do que nunca, um papel ideológico central para amordaçar o pensamento"[143].

Os Estados submetem-se aos dogmas do neoliberalismo, pelos quais se pautam as ações das grandes agências de crédito internacional – Fundo Monetário Internacional e Banco Mundial. Sempre que se acham em dificuldades econômicas, veem-se na contingência de aceitar tais dogmas, sob pena de ser-lhes negado o *aval* do FMI, o que fecha toda e qualquer possibilidade de obtenção de outros créditos internacionais. Para obter o aval, os Estados têm que aceitar a desregulamentação, a privatização, isto é, a venda das empresas públicas ao menor preço possível, a flexibilização, vale dizer, a diminuição das regras relativas aos direitos sociais, a abertura dos mercados, ainda que o mesmo não ocorra nos Estados de onde advêm tais diretivas[144].

Impera o que se chama a "racionalização dos mercados", ou seja, a sua adaptação às diretrizes dos Estados dominantes. A teoria econômica vigente benze tais dogmas, dizendo-os indispensáveis. Neste cenário, os contrapoderes tradicionais – os partidos políticos, os sindicatos – liquefazem-se no apoio ao poder econômico; *os sindicatos,* cujo poder se esgota nas fronteiras estatais, são sobrepujados pelo poder econômico, notadamente das empresas multinacio-

---

143. RAMONET, Ignacio. *Guerras do século XXI: novos temores e novas ameaças.* Trad. de Lucy Magalhães. Rio de Janeiro: Vozes, 2003. p. 7-12. Original: Guerres du XXe Siècle – peurs et menaces nouvelles. O grifo é do autor.

144. CASSEN, Bernard; CLAIRMONT, Frédéric. Globalisation à marche forcée. *Le Monde Diplomatique,* Paris, déc. 2001, p. 1, 7.

nais, cuja ação contrasta com a democracia. Daí advêm a desumanização e precariedade das relações de trabalho e o subemprego. Semeia-se a insegurança social, tornando-se o Estado indiferente à justiça distributiva.

**Necessidade de superar
a concepção positivista**

O fato de vivermos em um mundo globalizado não significa que a humanidade tenha entrado numa época historicamente nova, pois "as velhas querelas entre povos, classes, gerações subsistem, como o evidenciaram, no fim do século XX, os dilaceramentos dos Balcãs e do Cáucaso". Por outra parte, o "espaço mundializado menospreza antagonismos antigos: a confrontação das verdades humanas (religiões, ideologias, nacionalismos), considerando--os simples opiniões"[145]. Quanto à religião, deixam-se de lado estudos da maior importância relativamente à liberdade religiosa, o que é lamentável[146].

O mundo acha-se impregnado pelo etnocentrismo[147], desprezando o pluriculturalismo que constitui a essência

---

145. DEFARGES, Philippe Moreau. *La mondialisation.* 9.éd. mise à jour   Paris: Presses universitaires de France, 2012. p. 6.
146. Exemplo significativo é Weingartner Neto, Jayme. *Liberdade religiosa na Constituição: fundamentalismo, pluralismo, crenças, cultos.* Porto Alegre: Livraria do Advogado, 2007.
147. "Tendência do pensamento a considerar as categorias, normas e valores da própria sociedade ou cultura como parâmetro aplicável a todas as demais." FERREIRA, Aurélio Buarque de Holanda. *Dicionário Aurélio da língua portuguesa.* 5ª ed. Curitiba: Positivo, 2010. p. 888.

da riqueza cultural da humanidade. É fundamental o pensamento complexo para que se possam compreender os fenômenos humanos e a globalização, como salienta Edgar Morin, esclarecendo que "a palavra *complexus* significa tecer junto, invoca o pensamento que considera o que é tecido em conjunto e reúne os saberes separados". Apesar de não haver dúvida quanto ao caráter conjunto do conhecimento, somos educados de modo a compartimentar os seus diferentes aspectos. A inaptidão "para globalizar e contextualizar os problemas" é tanto mais grave quando hoje se percebe o seu caráter global. Os problemas fundamentais são não só globais, mas também complexos: "Tudo se encontra tecido junto. Os maiores desafios de vida e de morte são, hoje, planetários"[148].

 O próprio direito padece de compartimentação, que o cinde e adultera sempre que visto na perspectiva positivista. Esta, além de separá-lo da realidade social, pretende dele eliminar os juízos crítico-valorativos, inseparáveis tanto da estrutura formal das normas quanto do raciocínio jurídico, circunscrevendo o conhecimento do direito vigente a juízos de constatação, independentemente dos valores que contém e busca realizar, além de descurar de seus efeitos sociais. Constroem-se, assim, discursos incomunicáveis, sendo um próprio do jurista, outro do filósofo do direito, outro do sociólogo do direito e, ainda outro, do historiador do direito[149].

---

148. MORIN, Edgar. A união na busca de uma força do pensamento. *Zero Hora*, 05 set. 1998, Caderno de Cultura, p. 4; _____. *Introdução ao pensamento complexo*, passim; _____Meus demônios, p. 41-46.
149. AZEVEDO, Plauto Faraco de. *Limites e justificação do poder do Estado*. Petrópolis: Vozes, 1979. p. 15-24, 176-190. _____*Justiça distributiva e aplicação do direito*. Porto Alegre: Fabris, 1983. p.105-116; _____ *Crítica à dogmática e* ▶

▶ *hermenêutica jurídica*. Porto Alegre: Fabris, 1989. p. 16-24, 80-91; _____*Aplicação do direito e contexto social*. 2ª ed. São Paulo: Revista dos Tribunais, 1996. p. 29-41, passim._____*Método e hermenêutica material no direito*. Porto Alegre: Livraria do Advogado, 1999. passim. Os positivistas, hoje, são, via de regra, neoliberais, mostrando-se indiferentes ao desprezo pelo direito e à economização da política, tendo como consequência a aceitação do afastamento dos direitos fundamentais sociais, como se evidencia de modo insofismável, na Grécia, com o apoio do Poder Legislativo, contra a vontade popular. Embora não se tenha por objetivo um exame detalhado do positivismo jurídico, assinala-se a procedência da ambiguidade do seu conceito, pois abrange diversas correntes de diferente significação. Dentro dele acham-se a Jurisprudência Conceptualista, a Jurisprudência de Interesses, a velha Teoria Geral do Direito, a Teoria Pura do Direito, de Kelsen (sua mais cabal expressão filosófica), além de todas as correntes realistas e aquelas que se limitam a uma análise linguística da Ciência do Direito. LEGAZ Y LACAMBRA, Luis. *Filosofia del derecho*. 4ª ed. Barcelona: Bosch, 1975. p. 219. Dentro desta configuração geral, Henkel examina suas diferentes espécies, concluindo que, apesar de limitar-se o positivismo, sob qualquer de suas formas, ao dado sensível, à realidade empírica do ordenamento jurídico, teve o mérito de haver promovido "o conhecimento do lado existencial do direito". Entretanto, "*desconhece que ao direito pertence além da existência, a essência, isto é, uma qualidade fundamental e valorativa a que denominamos 'correção'*". Daí resulta a consequência inadmissível – decorrente da consideração exclusiva do ato externo e formal da norma jurídica – *de considerá-la válida ainda quando não razoável ou imoral*. HENKEL, Heinrich. *Introducción a la filosofia del derecho*. Madrid: Taurus, 1968. p. 634, 637-639.Original: Einführung in die Rechtsphilosophie. O grifo é nosso. O positivismo jurídico pode apresentar-se sob as formas sociológica ou analítica, assumindo tanto uma como a outra "uma atitude puramente empírica em face da lei", recusando-se a "procurar e proclamar os valores últimos da ordem jurídica". STONE, Julius. *The Province and function of law*. Cambridge, Mass.: Harvard University Press, 1950. p. 31. Radbruch, em 1934, mostrou-se favorável ao relativismo jurídico por não admitir "uma concepção única do direito justo, pois a história do direito e o direito comparado haviam demonstrado uma infinita variedade da realidade jurídica e "nenhuma tendência no sentido de um ideal único". Afirmava que o relativismo chama à discussão a convicção do adversário, demonstrando tolerância e justiça quanto às diversas concepções. Tal era a moral do relativismo dentre cujos seguidores enumerava Max Weber, Georges Jellinek, Hans Kelsen e Hermann Kantorowicz. RADBRUCH, Gustav. Le relativisme dans la philosophie du droit. *Archives de philosophie juridique* 4 (1-2) :105-6, 1934. Acreditava o mestre alemão que o relativismo viria a desempenhar a função historicamente atribuída ao direito natural. Todavia, o eminente jusfilósofo veio a mudar de opinião, tendo em vista os acontecimentos históricos que culminaram na ascensão do nazismo e na criação do III Reich. Ficou historicamente demonstrado que, com a lei, pode-se construir a arbitrariedade legal e que tem que haver uma concepção que se lhe oponha, ainda que esta não seja jusnaturalista. Optou Radbruch pelo que veio a denominar *direito supralegal*, escrevendo, então, que "não se pode definir o ▶

A compartimentação do conhecimento remonta a Descartes (1596-1650), que construiu um paradigma científico tão atento à parte quanto afastado do todo. A influência da filosofia cartesiana, que é "a expressão de uma concepção físico-matemática", permitiu o extraordinário avanço das ciências física, química, biológica, geológica e astronômica, ensejando inimagináveis progressos no que hoje se veio a denominar tecnociência[150]. Se não se pode abrir mão de tais avanços, cabe ressaltar que os demais ramos do conhecimento, que escapam da experiência e da indução, foram afastados ou considerados secundários. "Tanto a concepção cartesiana quanto a dos cientistas empíricos mutilam o campo da razão, posto que lhe negam capacidade para tratar dos domínios em que nem a dedução lógica nem a observação dos fatos podem fornecer-nos a solução dos problemas."[151]

▸ direito, inclusive o direito positivo, senão como uma ordem estabelecida para servir à justiça." RADBRUCH, Gustav. *Arbitrariedad legal y derecho supralegal* (Gesetzliches Umrecht und Übergesetzliches Recht). Trad. de Maria Isabel Azareto Vasquez. Buenos Aires, Abeledo-Perrot, 1962. 150.   SÁBATO, Ernesto. *Hombres y engranajes.* Buenos Aires/Barcelona: Espasa-Calpe/Seix Barral, 1993. p. 62.
151. PERELMAN, Chaim. De la justicia (De la justice). Trad. de Ricardo Guerra. Prólogo de Luis Recasens Siches. México: Universidad Nacional Autónoma de México, 1964. p. III.

A crise da ética ameaça a vida

Por este caminho, nos séculos XVIII e XIX, "propagou-se uma verdadeira superstição da ciência", que eliminaria desde o medo até a peste. No século XIX, o entusiasmo chegou ao cúmulo com a eletricidade e a máquina a vapor, recebendo também o influxo da doutrina de Darwin, que "vinha confirmar a ideia geral do progresso", convertendo-o em "uma espécie de religião laica"[152].

A ciência, em sentido estrito, deixou de lado o obscuro e o confuso, interessando-se pelas "ideias claras e distintas", na suposição cartesiana de que estas clarificariam aqueles. O cientista deixou de considerar o que poderia haver além da estrutura matemática. "A ciência estrita – a ciência matematizável – é alheia a tudo o que é mais valioso para o ser humano: suas emoções, seus sentimentos, suas vivências da arte e da justiça, suas angústias metafísicas."[153]

Esta inclinação científica levou as ciências sociais em geral, e o direito em particular, à "irresistível tenta-

---
152. SÁBATO, Ernesto, *op. cit.*, 63, 67-68.
153. *Ibid.*, 59-60.

ção de aplicar os métodos usados nas ciências naturais ao campo das ciências sociais". Esta tendência conduziu ao positivismo jurídico, o que foi possibilitado pelo imenso sucesso das ciências naturais durante a primeira metade do século XIX.

> "O positivismo jurídico partilhava, como a doutrina positivista em geral, da aversão à especulação metafísica e à procura das razões finais [...] Procurou banir as considerações de valor da ciência do direito e reduzir a tarefa desta a uma análise e dissecação das ordens jurídicas positivas." [154]

Ortega y Gasset, escrevendo em 1958, assinalava que os últimos 60 anos do século XIX foram uma das épocas menos favoráveis à filosofia. "Foi uma idade antifilosófica." Se fosse possível prescindir da filosofia, "não está fora de dúvida que durante estes anos [ela] teria desaparecido por completo". Como não é possível eliminá-la da mente humana, sua dimensão foi reduzida a um *minimum*. À retração filosófica correspondeu o avanço da ciência físico-matemática, caracterizada por sua exatidão prática, por sua confirmação pelos dados sensíveis – e o que é fundamental – por sua utilidade prática para o domínio da matéria. As verdades físicas permitiram ao homem interferir na natureza, acomodando-a em seu próprio benefício[155].

---

154. BODENHEIMER, Edgar. *Ciência do direito. Filosofia e metodologia jurídicas*. Rio de Janeiro: Forense, 1966. p. 110-12. Ainda que se diga que o positivismo jurídico foi superado, o que é duvidoso, constata-se que a globalização neoliberal conduz, indiscutivelmente, ao afastamento das reflexões, começando pelo que se refere aos direitos fundamentais sociais.

155. ORTEGA Y GASSET, José. *Que é filosofia?* Rio de Janeiro: Livro Ibero-Americano, 1961. Título original: Que es filosofia? p. 23-51.

As ciências sociais se contraíram e as ciências da natureza recolheram-se à sua órbita própria, abandonando-se a necessidade de articulação de umas com as outras, indispensável à compreensão humana. Em consequência, sobreveio a visão parcial dos fenômenos, favorecendo o avanço científico setorial, mas dificultando a consideração histórica global, fechando o caminho para a compreensão dialética da riqueza e da miséria e para a indagação de suas causas. A resultante última deste processo foi a dominação do homem pela tecnologia, transformando-o de criador em criatura, enquanto a racionalidade técnica, assumindo movimento próprio, provocava sucessivas ondas de irracionalidade[156].

É por este caminho que a crise atual da ética, derivada da concepção mercantil, penetrou na vida, utilizando-se do caminho aberto pela ciência *stricto sensu* e pelas suas resultantes tecnológicas, de que derivaram "benefícios nunca antes conhecidos pela humanidade, mas também as maiores ameaças"[157].

Tendo as ameaças adquirido proporções nunca antes imaginadas, faz-se necessário, hoje mais do que nunca, refletir crítica e globalmente sobre a realidade, visando o resgate da condição humana, para que o homem seja capaz de conservar sua própria vida[158]. É indispensável, em

---

156. AZEVEDO, Plauto Faraco de. *Justiça distributiva e aplicação do direito.* Porto Alegre: Fabris, 1983. p. 75-76.
157. MORIN, Edgar. Em busca dos fundamentos perdidos. In: _____; NAÏR, Sami. *Uma política de civilização.* Lisboa: Instituto Piaget, 1997. Título original: Une politique de civilisation. p. 22
158. AZEVEDO, Plauto Faraco de. *Justiça distributiva e aplicação do direito.* Porto Alegre: Fabris, 1983. p. 75-77.

perspectiva humanista, buscar a "ética da vida", pois, em nossos dias, "preservar e restabelecer o equilíbrio ecológico é questão de vida ou morte"[159].

Sucede que o meio ambiente sofre invasão indiscriminada em nome do lucro desenvolvimentista, o que o leva ao colapso. Nisso, sobressai, conforme assinala Boaventura de Sousa Santos, a industrialização da ciência comprometida "com os centros do poder econômico, social e político, os quais passaram a ter um papel decisivo na definição das prioridades científicas"[160]. A isto acresce a circunstância de que a ciência e a tecnologia atuam na mesma linha, em que convergem interesses militares e econômicos quase indistintos. Ademais, o rigor científico, "porque fundado no rigor matemático, é um rigor que quantifica e que ao quantificar, desqualifica, um rigor que, ao objectivar os fenômenos, os objectualiza e os degrada, que, ao caracterizar os fenômenos, os caricaturiza". Embora esse autor trate do conhecimento científico em ampla perspectiva, não há dúvida que essa concepção ultrapassada precisa ser repensada para evitar seus resultados maléficos na sua projeção ambiental[161].

Karl Jaspers, em escrito datado de 1931, antecipava os traços fundamentais de nosso tempo, ressaltando o extraordinário desenvolvimento científico e tecnológico

---

159. MILARÉ, Édis. *Direito do ambiente*. 9ª ed. rev. atual. e ampl. São Paulo: Revista dos Tribunais, 2014, p.154.

160. SANTOS, Boaventura de Sousa. *Um discurso sobre as ciências*. 8ª ed. Porto: Afrontamento, 1996. p. 32-34. Este aspecto já fora focalizado por este autor na *Revista Crítica das Ciências Sociais*, 1 (1978), p. 2; "A ciência e a tecnologia têm vindo a revelar-se duas faces de um processo histórico em que os interesses militares e os interesses econômicos vão convergindo até quase a indistinção". _____ *op. cit.*, p.34-35.

161. *Ibid.*, p. 32.

atingido pelo homem, proporcionando-lhe novas condições existenciais, envolvendo o mundo em uma rede técnica a operar como "uma imensa usina destinada a explorar suas matérias e energias". Mas este filósofo também distinguia as possibilidades e os perigos desta situação histórica, assinalando que, se o ser humano não se revelasse capaz de colocar-se à altura dos desafios daí emergentes, tal situação poderia "converter-se no período mais miserável da história, indicando a ruína da humanidade"[162].

Atento a esta dramática perspectiva, hoje obscurecida pelo pensamento econômico neoliberal globalizado, José Lutzenberger, já em 1978, escrevia de modo inesquecível sobre a demolição da Ecosfera:

> "A economia humana é um aspecto parcial da economia da Natureza. As ciências econômicas, portanto, deveriam ser encaradas como aquilo que realmente são – um capítulo apenas da Ecologia. Entretanto, o passado remoto de nossa cultura nos legou uma filosofia de dicotomia Homem/Natureza". [Baseado nesta visão dicotômica, o pensamento econômico] "permitiu o aparecimento da atual forma de sociedade industrial e de seu auge, a Sociedade de Consumo, parte de um modelo absurdo, um modelo divorciado da realidade. Encara-se a Economia como se ela existisse em um plano que transcende a natureza e que com ela não tem contato a não ser naqueles

---

162. JASPERS, Karl. *La situation spirituelle de notre époque*. Trad. de Ladrière, Jean et Walter Biemel. 4.éd. Paris: Desclée de Brower; Louvain: E. Nauwelawerts, 1966. p. 28-29.

pontos em que ela é explorada como fonte gratuita de matéria prima"[163].

O pensamento de José Lutzenberger deve ser cultivado e repensado na escola, tendo em vista sua clareza e profundidade. Não se pode deixar de referir alguns de seus aspectos essenciais para a sobrevivência humana. Neste sentido, salienta que o modelo econômico atual

"solenemente ignora o funcionamento da ecosfera da qual o homem e todas suas atividades são parte inextrincável [...] A quase totalidade do que convencionamos chamar de 'progresso' não é outra coisa que um incremento na rapina dos recursos naturais. A sociedade moderna é infinitamente mais destruidora do ambiente que algumas das sociedades antigas extintas justamente porque fabricavam desertos. [...] Em espaço de tempo curtíssimo dilapidamos e obliteramos o que a natureza levou milhões de anos para criar e acumular. [...] Toda fabricação industrial, inclusive a fabricação de muita máquina de ferramenta, segue hoje a filosofia da *obsolescência planejada*, ou envelhecimento premeditado dos produtos. As coisas são feitas para não durar, porque se pretende vender sempre mais. [...] se produzíssemos apenas aquilo de que necessitamos e seus produtos fossem duráveis, poderíamos todos trabalhar menos e dedicar mais tempo a atividades realmente humanas, intelectuais, ar-

---

163. LUTZENBERGER, José A. *Fim do futuro? Manifesto ecológico brasileiro.* Introdução de Lair Ferreira. Porto Alegre: Movimento, Universidade Federal do Rio Grande do Sul, 1978. p. 13.

tísticas, recreativas, sociais. [...] A decisão não é técnica, é política, moral!"[164].

Percebe-se que Lutzenberger tem uma visão correta do pensamento científico, quando afirma que:

> "os problemas que nos envolvem, que se avolumam e complicam dia a dia, requerem soluções que só podem surgir *de visão ampla, global e sistêmica*. A visão do técnico, entretanto, é tanto mais endeusada quanto mais reducionista for. Assim, à medida que as crises se precipitam, diminui nossa capacidade de enfrentá-las. Também neste aspecto, a *Sociedade de Consumo prepara a semente de sua própria destruição*"[165].

---

164. *Ibid.*, p. 13-14, 38, passim.
165. *Ibid.*, p. 51. O grifo é do autor.

Desconsideração da natureza e da felicidade humana

Há que se ter em mente que o Produto Nacional Bruto (PNB) ou Produto Interno Bruto (PIB) é considerado como índice do progresso econômico e assim repetido quotidianamente pela imprensa. No entanto, é uma noção insana que mede tão só o valor que transita pela economia, isto é, "o valor total dos bens e serviços que fluem pela economia", não levando em consideração a riqueza natural: uma árvore em crescimento não entra no PIB. Só entra nas contas nacionais quando é cortada e transformada em móveis ou palitos, por exemplo[166].

Assim sendo, não se leva em conta o prazer ou a felicidade humana. O cálculo favorável do PIB pode semear a desgraça, mas disto não se cogita. Tampouco "é descontada a descapitalização da ecosfera". Nele, não se debita o desaparecimento dos peixes nos rios e nos oceanos em razão da poluição industrial e tampouco a perda do ar puro ou os custos sociais dele advindos. "De fato, o PNB é propor-

---

166. BOYLE, David. *O pequeno livro do dinheiro: uma visão instigante do modo como o dinheiro funciona*. Trad. de Gilson César Cardoso de Sousa. São Paulo: Cultrix, 2005. p. 68-69. Título original: The little money book.

cional à descapitalização da ecosfera". Não podemos fazer tudo o que queremos. Necessitamos de controles culturais para defender nossa sobrevivência. "Para isto, devemos abjurar a simplória ideologia do crescimento ilimitado."[167]

Há uma verdadeira "insânia do PIB". Ele aumenta quando as pessoas ingerem muita comida gordurosa e mais ainda quando fazem cirurgias para emagrecer. Também cresce com as vendas de pesticidas que provocam câncer e, tanto mais, com a venda de remédios para tentar curá-lo. "Desconsidera o trabalho não remunerado, feito principalmente pelas mulheres e no lar." Como escreveu Simon Kuznets, nos anos 60 do século XX: "deve-se distinguir entre quantidade e qualidade do crescimento", devendo-se especificar "mais crescimento de que e para quê"[168].

---

167. LUTZENBERGER, José A. *Fim do futuro? Manifesto ecológico brasileiro*, p. 15, 18, 60.

168. BOYLE, David, *op. cit.*, p. 69-70.

O consumismo e
o autoconhecimento do homem

Sendo inconteste que o paradigma emergente da ciência interliga sujeito e objeto do conhecimento, deve o homem buscar *saber quem ele é*, até para dar consistência existencial ao conhecimento científico. Esta busca é imperiosa, pois a imensa maioria dos homens quase nada sabe a este respeito.

Esta crucial deficiência faz com que o ser humano aja como que às escuras na construção-destruição das culturas e civilizações. Atua entre a consciência e a inconsciência, como criador e vítima da tecnociência, incapaz de perceber a extensão dos danos causados *à sua casa – o planeta –*, ofuscado pelo marketing do consumismo, sem que perceba que se está consumindo.

Como afirmava Ghandi, a civilização "não consiste certamente em multiplicar as necessidades, mas, ao contrário, em restringi-las consciente e voluntariamente [...] Querer criar um número ilimitado de necessidades para ter, em seguida, de satisfazê-las, não é senão correr atrás do vento[...]"[169].

---

169. GARAUDY, Roger. *Pour un dialogue des civilisations*. Paris: Denoël, 1977. p. 102. Há tradução portuguesa: O ocidente é um acidente: por um diálogo das civilizações. Rio de Janeiro: Salamandra, 1978. p. 71.

Ana Beatriz Barbosa Silva, psiquiatra brasileira, e perspicaz estudiosa do comportamento humano, escreve sobre os danos causados pelas mentes consumistas, levadas à compulsão por compras. Diz que muito cedo percebeu o significado da tragédia de *Hamlet*, a peça mais famosa de Shakespeare, que a fez entender "que muitas pessoas são capazes de quase tudo para obter coisas materiais, que as façam se sentir poderosas, únicas e/ou celebradas. Em nosso tempo existem milhares de pessoas que acreditam verdadeiramente que *o ter vale mais do que o ser*", sendo "essa talvez seja uma das maiores tragédias da história coletiva da humanidade". A autora discorre sobre o consumo, observando que "nosso sistema econômico prioriza até as últimas consequências a produção excessiva e o consumo irresponsável que transforma cada um de nós em esbanjadores inconsequentes, a ponto de considerarmos o desperdício algo normal". Chegamos ao ponto de deixarmos "de ser agentes ativos do consumo para nos transformar em 'mercadorias' a serem consumidas por outras pessoas [...] Com nossa inteligência 'entorpecida', vamos quase que roboticamente nos tornando consumidores contumazes, insaciáveis e com sentimento constante de ansiedade e insatisfação [...] *Na sociedade consumista somos livres para consumir tudo, a todos e a nós mesmos*"[170].

O consumismo desbragado consagra a maior distância econômica entre os poucos que tudo têm e a imensa maioria que cada vez menos tem, apoiado pela imprensa comprometida, que não o critica e nem cogita da realiza-

---

170. SILVA, Ana Beatriz Barbosa. *Mentes consumistas: do consumismo à compulsão por compras*. São Paulo: Globo, 2014. p. 15-23. O grifo é do autor.

ção da justiça distributiva, já tratada por Aristóteles[171] e Platão, nos séculos IV e V A.C, respectivamente.

Platão, tratando da cidade oligárquica, hoje reinante em boa parte do planeta, escreve: "É necessário que uma cidade assim não seja una, porém dupla, a dos pobres e a dos ricos que habitam o mesmo solo e conspiram incessantemente uns contra os outros"; tal situação é inevitável: "não se pode prevenir tal desordem nos governos oligárquicos; do contrário, uns não estariam aí ricos em excesso, e outros em completa miséria". Ajunta que, nela, também há "muitos malfeitores providos de ferrões que as autoridades deliberadamente contêm pela força", os quais são engendrados pela "ignorância, a má educação e a forma de governo"[172].

Assistimos hoje ao triste espetáculo em que a anomalia apontada por Platão cria no indivíduo a impossibilidade de ser feliz, por carência dos bens, serviços e oportunidades mínimos, ou porque, possuindo em excesso, termina por ver em seu semelhante um inimigo potencial que pode, a qualquer momento, desapossá-lo ou até mesmo suprimir-lhe a vida.

---

171. ARISTOTE. Éthique à Nicomaque. Nouv. trad. avec introd., notes et index par J. Tricot. 2. ed. Paris: Librarie Philosophique Vrin, 1967. V, 6-7, p. 226-231. Ver, a propósito, AZEVEDO, Plauto Faraco de. *Justiça distributiva e aplicação do direito.* Porto Alegre: Fabris, 1983. p. 25-43.
172. PLATON. *La republique.* In: *Oeuvres completes.* Trad. nouv. Et notes par Léon Robin avec la collaboration de M. J. Moreau. Paris: Gallimard, 1950. t. 1, 552d-e, p. 1151; trad. port., aqui adotada, PLATÃO. *A República.* Introd. e notas de Robert Baccou. Trad. de J. Guinsburg. São Paulo: Difusão Européia do Livro, 1965. v. 1, p. 155-157.

No Estado, tal situação desnatura sua função de realizador do bem comum, transformando-o em aparelho destinado a manter a iniquidade, o que se evidencia pelo desvio de recursos de atividades e necessidades básicas, como a *saúde* e a *educação*.

Não é possível que o jurista permaneça alheio a esta situação. As características de nosso tempo estão a exigir uma reavaliação da reflexão jurídica em consonância com os novos caminhos palmilhados pelo homem, com os novos conhecimentos de que dispõe, com a necessidade de sua realização pessoal e social e com a proteção do ambiente. Mercê da ação de indivíduos despidos de perspectiva futura, obcecados pela vontade de enriquecer a qualquer custo, no menor lapso de tempo, degrada-se o meio ambiente, esgotam-se seus recursos, numa atitude que, além de ser irresponsável, não deixa de ser suicida[173].

A evolução da ciência demonstra a necessidade da complementação de seus diferentes aspectos. Apesar do caráter ineludivelmente conjunto do conhecimento, somos educados de modo a compartimentar os seus diferentes aspectos, deixando de integrá-los no todo de que fazem parte. Os problemas fundamentais são *não só globais como complexos*: "tudo se encontra tecido junto. Os maiores desafios de vida e de morte são, hoje, planetários". É este o *pensamento complexo*, indispensável para buscar a permanência da vida[174].

---

173 Ver, a este respeito, AZEVEDO, Plauto Faraco de. A ausência de uma perspectiva ecossistêmica. In: *Ecocivilização: ambiente e direito no limiar da vida*. 3ª ed. rev. atual. e ampl. São Paulo: Revista dos Tribunais, 2014. p. 101-104.

174. MORIN, Edgar. A união na busca de uma força de pensamento. *Zero Hora*, 05 set. 1998. Caderno de Cultura, p. 4; _____. *Introdução ao pensamento complexo*, passim; _____. *Meus demônios*, p. 41-46. O grifo é do autor.

A emergência do paradigma científico, que interliga sujeito e objeto do conhecimento em suas várias dimensões, evidencia o caráter ideológico da *prevalência do ter sobre o ser*, que exprime a influência do pensamento econômico vigente.

A sobrevivência exige que a reflexão se estenda ao íntimo da pessoa, para que haja consciência de sentimentos que não se aprecia constatar e, por isto, se negam. Se não é possível afirmar que todas as pessoas abriguem reconditamente o ódio, a cobiça, a inveja, a agressividade, o desejo de morte ou da posse dos bens de outrem – a experiência histórico-cultural evidencia a necessidade de refletir sobre estes e tantos outros sentimentos indesejáveis. A sua inconsciência exprime-se de modo socialmente indesejável, o que se verifica quotidianamente.

O amor, a fraternidade, a solidariedade e o desprendimento devem ser cultivados desde a tenra infância, para que a vida não seja a guerra de todos contra todos e o homem deixe de ser o *homo homini lupus*, de que já falava Hobbes, no século XVII. Para que esse objetivo se torne possível, é indispensável que se atente à justiça distributiva para que se evite que uns poucos, cultivando desmedidamente o *ter*, quase tudo possuam, enquanto a maioria praticamente deixe de *ser* por não dispor do mínimo *ter* para sobreviver.

Tudo está a demonstrar que se deve cultivar o respeito à natureza e a ideia da interdependência de todos os seres, para que a vida humana possa continuar. É preciso ter-se consciência que aquele "que se batizou a si mesmo, um pouco prematuramente, a julgar por seu comportamento, de *homo sapiens*", talvez "esteja em vias de humanização, mas não é menos certo que ele [ainda] permaneça solidamente enraizado no pré-humano, tanto por seu físico quanto pelo temível peso de seus instintos ancestrais"[175].

Trata-se "de acabar com o pobre mito unilateral do *homo sapiens* para considerar a complexidade indissociável do *homo sapiens demens*", como argutamente observa Morin, ajuntando que "O ser humano encerra as virtualidades inauditas do pior e do melhor, do dominador e do servil, do medíocre e do sublime, do delírio e da racionalidade, da inconsciência, da falsa consciência e da consciência auto-examinadora e auto-crítica"[176.] É urgente difundir-se a consciência da "aliança entre a barbárie vinda do fundo dos tempos históricos e a *barbárie anônima e gelada vinda dos desenvolvimentos tecnoburocráticos*". É inconteste que *o ecocídio seria suicídio* e que se tem que substituir "o sonho prometeico do domínio do universo pelo da aspiração à convivialidade da terra". A terra é "a casa comum de todos os seres humanos"[177].

---

175. MONOD, Théodore. *Et si l'aventure humaine devait échouer?* Paris: Grasset, 2000. p. 18, 30.
176. MORIN, Edgar. *Em busca dos fundamentos perdidos.* In: MORIN, Edgar; Naïr, Sami. Uma política de civilização. Trad. de Armando Pereira da Silva. Lisboa: Instituto Piaget, 1997. Original: Une politique de civilisation. p. 27.
177. *Ibid.*, p. 23, 29-30. O grifo é do autor.

Autocompreensão do homem e a literatura

É na literatura, mais do que na ciência, que o homem pode encontrar e compreender tanto suas qualidades quanto seus defeitos. Um bom livro pode levar-nos à "descoberta de nós mesmos em personagens diferentes de nós"[178].

Os escritos de Dostoievski muito contribuem para a compreensão do ser humano[179]. Fato marcante na vida e na obra de Dostoievski, particularmente em *Recordações da Casa dos Mortos* (1863)[180], foi a sua prisão, em 1849, acusado de atentar contra a segurança do Estado russo, na denominada "conspiração de Petrachevski". Apesar de sua inocência, foi preso e condenado à morte. No último

---

178. MORIN, Edgar. *Meus demônios*. Trad. de Leneide Duarte e Clarisse Meireles. Rio de Janeiro: Bertrand Brasil, 1997. p. 19, 20. Tradução de: Mes démons. Nosso interesse pela literatura para a compreensão do direito, da vida, de nós mesmos e de outrem, data de longo tempo. Já abordávamos este assunto, em 1996, na primeira edição do livro *Aplicação do direito e contexto social*. 3ª ed. rev. atual. e ampl. São Paulo: Revista dos Tribunais, 2014. p. 77-90.

179. *Ibid.*, p. 21-22.

180. DOSTOIEVSKI, Féodor Mikhailóvitch. *Recordação da casa dos mortos*. Trad. de Rachel de Queiroz. Prefácio de Brito Broca. Xilogravuras de Osvaldo Goeldi. Rio de Janeiro: José Olympio, 1953. (Obras Completas e Ilustradas de Dostoievski)

momento, sua pena foi comutada em pena de prisão na Sibéria.

Na prisão, observando e ouvindo seus companheiros de infortúnio, Dostoievski teve o tempo de reflexão necessário à sedimentação de seus pensamentos, que iria verter nas *Recordações da Casa dos Mortos*, nos *Irmãos Karamazov* e em toda a sua obra posterior[181].

No cárcere, o Comandante era um homem honesto, mas o Major, responsável pela prisão, era um indivíduo de inescrutável barbárie, capaz de tudo imaginar para infringir sofrimento, angústia e maldade aos presos. Nele, Dostoievski nada viu que pudesse suscitar sua compaixão, apesar de sua permanente tendência à compreensão dos homens.

Em sua correspondência, Dostoievski refere as condições de vida na prisão. Viviam "amontoados, todos juntos na mesma caserna [...] uma velha e deteriorada construção de madeira [...]. Durante o verão nela se abrasava, no inverno se congelava [...] O leito eram duas pranchas de madeira nua", sendo permitido tão só utilizar um travesseiro. A comida era mínima e de péssima qualidade[182].

A todas essas circunstâncias somava-se a privação da leitura. Quando Dostoievski conseguia algum livro, "era necessário lê-lo furtivamente". A tudo isso acrescia-se a circunstância de uma pessoa "jamais encontrar-se só, por quatro anos!" E Dostoievski tinha saúde frágil.

---

181. GIDE, André. *Dostoievki*. Paris: Gallimard, 1923. p. 83-90.
182. *Ibid.*, p. 78-80.

Era epilético[183]. Em meio a todo esse infortúnio, nunca desaparecia seu interesse cultural. Na sua correspondência com o irmão, solicitava livros de variada natureza e também jornais[184].

É a partir dessa observação-introspecção que veio a escrever as *Recordações*..., cujo conteúdo, tirante os trabalhos forçados e os açoites, retrata o drama do homem aprisionado em todos os tempos. Mas vai além, atingindo a ambiguidade da alma humana, o amor-desamor, a maldade-bondade, a coragem-pusilanimidade, o medo-destemor, o egoísmo-altruísmo, a vileza-grandeza, enfim, todas as contradições do ser humano de que somos conscientes--inconscientes.

No início de sua narrativa do mundo existente por detrás da paliçada prisional, constata que havia "leis, costumes, hábitos característicos, uma casa morta-viva, uma vida à parte de homens à parte". Vivendo neste contexto, escreve: "Aí o homem tem a vida rija! Um ser que a tudo se habitua é, segundo o creio, a melhor definição que se possa dar ao homem"[185].

Na prisão, cada um tinha a sua história.

"Conheci entre os presidiários alguns assassinos tão satisfeitos, tão descuidosos, que nunca (poder-se-ia apostar com segurança) a consciência os atormentava um só instante [...] Ninguém fa-

---

183. *Ibid.*, p. 94-96.
184. *Ibid.*, p. 82-83.
185. DOSTOIEVSKI, Fiodor. *Recordações da Casa dos Mortos*. Prefácio de Brito Broca. Trad. do francês de Rachel de Queiroz. 4ª ed. Rio de Janeiro: José Olympio, 1953. p. 38, 42.

lava da vida pretérita [...] As calúnias, os mexericos não paravam nunca: aquilo era um inferno, uma verdadeira reprodução do tártaro." [186]

Sobre a culpa que o criminoso deveria sentir, observa: "Já disse que, durante meus anos de presídio, jamais percebi entre meus companheiros o menor remorso, o menor mal-estar de consciência; no seu foro íntimo, a maioria estimava que agira bem". Mas isto não o impede de afirmar que "não se deve fazer julgamento de acordo com ideias preconcebidas, e, decerto, *a filosofia do crime é mais complexa do que se imagina*"[187]. O presídio apenas desenvolve no criminoso "o ódio... e uma terrível indiferença espiritual". E, além disto, "o delinquente rebelado contra a sociedade a odeia; considera, quase sempre, que é ele quem tem razão e é ela que erra. O castigo que lhe impuseram o leva a 'considerar-se absolvido', quite com os homens".

Sobre a ociosidade na prisão, Dostoievski observa: "*Sem trabalhos, sem leis, sem nada que lhe pertença especialmente, o homem já não é mais ele próprio, avilta-se*"[188].

Embora o trabalho não forçado lhes fosse vedado, cada forçado buscava um ofício. À noite, especialmente nas longas noites de inverno, contrariamente ao regulamento, "cada caserna se transformava numa vasta oficina". Os que não sabiam exercer um ofício, "o aprendiam com os outros" e, "quando soava a hora da liberdade, iam em-

---

186. *Ibid.*, p. 43.
187. *Ibid.*, p. 48. O grifo é do autor.
188. *Ibid.*, p. 50. O grifo é autor.

bora providos dum ganha-pão". Deste modo, "o trabalho os salvava do crime: sem ele, se entredevorariam como aranhas fechadas num frasco".

Sobre o dinheiro, auferido de diversas fontes na prisão, observa que, para o homem privado de liberdade, "o dinheiro fica com o valor elevado ao décuplo". "O detento pródigo ou arruinado levava seu derradeiro objeto ao usurário, que lhe emprestava alguns copeques a juros monstruosos [...] A usura florescia"[189].

Também o furto campeava: "Um companheiro, que me era sinceramente afeiçoado [...] 'roubou-me' uma bíblia, o único objeto cujo uso me fora autorizado". E o confessou no mesmo dia, "não por arrependimento, mas por dó, ao me ver procurar demoradamente o livro"[190].

Sobre o hábito de estar preso e o temor que sente da libertação, percebe que *alguns chegam até a executar um crime unicamente para terem abertas as portas do presídio*, e se desembaraçarem assim de uma existência muito pior"[191].

Recordações da Casa dos Mortos é uma fonte inesgotável de reflexão psicossocial, vivenciada por um dos maiores escritores de todos os tempos. Fica claro que os apenados são uma parte de nós mesmos, oculta, rejeitada, mas nem por isto alheia, estranha àquilo que somos.

Este livro deveria ser conhecido por estudantes de Direito, criminólogos, sociólogos, juristas e estudiosos

---

189. Ibid., 50-51.
190. Ibid., p. 52. O grifo é autor.
191. Ibid., p. 94. O grifo é autor.

da vida nas prisões. Comparativamente com a vivência e as observações de Dostoievski, *pode-se afirmar que as prisões sórdidas e superlotadas de nossos dias,* como o Presídio Central de Porto Alegre, *são escolas do crime,* onde se segregam, indiscriminadamente, tanto os delinquentes irrecuperáveis quanto os desajustados sociais, tantas vezes por destinação de berço agravada pela implacável ausência de justiça distributiva. A ausência de educação e a falta de oportunidade de realização social os levam ao crime e, na prisão, ao convívio com toda a espécie de criminosos. Cumprida a pena, a reincidência é quase fatal.

Capítulo III

FORTALECIMENTO DO NEOLIBERALISMO

O crescimento econômico e a arte de ignorar os pobres

Não há dúvida que os mistérios da alma humana precisam ser estudados, buscando sua compreensão. O interesse primordial do capitalismo é o crescimento econômico permanente, a despeito da limitação dos recursos ambientais, ao mesmo tempo em que desconsidera a classe menos favorecida.

Ninguém melhor aborda este último aspecto do que John Kenneth Galbraith – o economista norte-americano mais lido no século XX, professor nas Universidades de Princeton e Harvard e conselheiro de vários presidentes norte-americanos. Começa observando que a compaixão pelos pobres, afirmada em todos os tempos, na verdade, esconde a reflexão de "pensadores que procuraram justificar a miséria – culpabilizando suas vítimas - e rejeitando toda a política capaz de erradicá-la. [...] Pobres e ricos sempre viveram lado a lado, sempre de modo desconfortável, às vezes de maneira perigosa". Refere que Plutarco já afirmava que "o desequilíbrio entre os ricos e os pobres é a mais antiga e fatal das doenças republicanas". Os problemas resultantes desta coexistência – da justificação da boa sorte de uns, em face da má sorte de outros – constituem uma preocupação intelectual de todos os tempos[192].

Segundo o pensamento do financista David Ricardo (1772-1823) e do pastor anglicano Thomas Robert Malthus (1766-1834), "se os pobres são pobres, é culpa deles, pois isto deriva de sua fecundidade excessiva". Para o malthusianismo, "a pobreza, tendo sua causa no leito, os ricos não são responsáveis por sua fecundidade excessiva".

Já em meados do século XX, outra forma de negação da pobreza conheceu grande sucesso, particularmente nos Estados Unidos - o "darwinismo social", associado ao nome de Herbert Spencer (1820-1903) –, para quem, "na vida econômica como no desenvolvimento biológico, a regra suprema era a sobrevivência dos mais aptos, expressão que se atribui erradamente a Charles Darwin (1809-1882). A eliminação dos pobres é um meio utilizado pela natureza para melhorar a raça. A qualidade da família humana sai reforçada pela desaparição dos pobres e dos deserdados."

No século XX, o darwinismo social teve a sua popularidade diminuída por ser considerado "um pouco cruel". Para os presidentes norte-americanos Calvin Coolidge (1923-1929) e Herbert Hoover (1929-1933), "toda a ajuda pública aos pobres, constituía *um obstáculo ao funcionamento eficaz da economia*" [193].

---

192. GALBRAITH, John Kenneth. *L'art d'ignorer les pauvres*. Préface de Serge Halimi. Paris : Ed. Les Liens qui libèrent. Le Monde Diplomatique, 2011. p. 21-22. O grifo é nosso; _____How to Get the Poor Off Our Conscience. Disponível em: http://en.heidi-barathieu-brun.ch/wp-archive/12 Acesso em: 28-11-2016. Galbraith enuncia, ainda, outras técnicas eficazes para ignorar os pobres. Por isto recomenda-se a leitura de todo este extraordinário escrito.

193. *Ibid.*, p. 23-25.

Embora disfarçada nos nossos dias, esta ideia apresenta-se extremamente atuante. Galbraith afirma que, "no decorrer dos últimos anos, a procura da melhor maneira de afastar toda a má consciência relativamente aos pobres tornou-se uma preocupação *filosófica e retórica* de primeira importância"[194].

---

194. *Ibid.*, p. 25. O grifo é do autor.

**A propaganda
capitalista neoliberal**

Hoje, a mídia comprometida, impulsionada pelo marketing e integrada por imensos conglomerados mundiais de comunicação de massa, substitui eficazmente os pensadores que, por séculos, buscaram a aceitação da miserabilidade.

Fabio Konder Comparato destaca aspecto relevante da propaganda capitalista nos Estados Unidos, onde

> "foi revogada, em 1966, a lei de 1934 que estabelecia limites na concentração de controle empresarial no setor de comunicação de massa. Seguindo no mesmo rumo, a *Federal Communications Commission* eliminou, em 2003, as proibições então existentes para participação cruzada no capital das empresas de rádio e televisão. O resultado não se fez esperar: enquanto em 1983 havia no mercado norte-americano de *mass media* 50 empresas de médio porte, em pouco tempo foi dominado por apenas cinco macro empresas: Time Warner, VIACOM, Vivendi e Universal, News Corp. e Walt Disney,

considerada em 2012, a maior empresa de comunicação social do mundo".[195]

Para que se tenha uma ideia do conglomerado mundial de comunicação de massa, a *News Corporation*, criada por Robert Murdoch na Austrália, a partir de 1981, passou a controlar empresas de imprensa, rádio e televisão nos Estados Unidos, na Grã-Bretanha e na Ásia[196].

Já em 1999, Chomsky afirmava que prevenir-se contra toda a manipulação intelectual "é uma tarefa que incumbe a todos", uma vez que o papel de muitos intelectuais – desde milhares de anos – "*consiste em fazer com que as pessoas sejam passivas, obedientes, ignorantes e programadas*. Nesta perspectiva, Ralph Waldo Emerson, grande ensaísta e filósofo americano do século XIX, disse: 'Nós devemos educar o povo de modo que ele não nos estrangule' ou, dito de outro modo, é preciso torná-lo passivo, a fim de que ele não se vire contra nós".

Relativamente à expressão "fabricar o consentimento", Noam Chomsky deixa claro que ela é de autoria de Walter Lippmann, a personalidade mais marcante do jornalismo norte-americano no século XX. Desde a década de 1920, ele chamou atenção para a importância das técnicas de propaganda para controlar as massas e fabricar o consentimento. Neste sentido, foi essencial o pensamento de Edward Bernays, "um dos fundadores da indústria de relações públicas". Segundo ele, "o país deve ser dirigido

---

195. COMPARATO, Fábio Konder. *A civilização capitalista: para compreender o mundo em que vivemos*. São Paulo: Saraiva, 2013. p. 117, nota 50.
196. Ibid., p.117.

por cidadãos 'responsáveis', uma vanguarda [...], não restando aos demais senão a abstenção política. Para isto, é necessário controlar o que eles pensam e arregimentá-los como soldados"[197].

Fábio Konder Comparato refere de modo mais explícito o pensamento de Edward Bernays, expresso em livro denominado *Propaganda*, publicado em 1928, sobre cuja atualidade é preciso refletir:

> "A consciente e inteligente manipulação dos hábitos organizados e opiniões das massas é um importante elemento na sociedade democrática. Os que manipulam o mecanismo oculto da sociedade constituem um governo invisível, que é o verdadeiro poder dirigente do nosso país. [...] Somos governados, nossas mentes são moldadas, nossas predileções formadas, nossas ideias sugeridas, largamente, por homens de quem nunca ouvimos falar. Este é o resultado lógico do modo pelo qual nossa sociedade democrática é organizada. [...] Somos dominados por um número relativamente reduzido de pessoas, que compreendem os processos mentais e os padrões sociais das massas. São elas que puxam os cordões de controle da mente pública".[198]

---

197. CHOMSKY, Noam. *Deux heures de lucidité. Entretiens avec Denis Robert et Weronika Zarachowicz*. Trad. de Jacqueline Carnaud. Paris: Les Arènes, 2001. p. 19.

198. COMPARATO, Fábio Konder. *A civilização capitalista*, p. 116-119, 121-122. Fábio Konder Comparato, ao tratar da propaganda capitalista, explicita várias atuações singulares de Edward Bernays, nas quais sutilmente utiliza da "nova técnica de persuasão das massas": permitindo a expansão dos negócios dos fabricantes de bacon, apesar de ser este alimento gorduroso; mentindo, em favor da indústria do fumo, que o consumo de tabaco não produzia o câncer, com apoio de conclusões médicas compradas; contratado, em 1954 pela *United Fruit Company*, que dominava a economia da Guatemala, intoxicou a opinião pública, derrubando o presidente Jacob Arbenz, qualificando-o como comunista. p. 117-119.

Jeremy Rifkin, norte-americano, consultor da União Europeia, em seu livro *A terceira revolução industrial*, observa que grande número de norte-americanos "há muito tempo estão convencidos que os grandes progressos econômicos sempre resultam de uma situação em que o governo cede e deixa a mão invisível do capitalismo livre reine em um mercado sem controle". Mas, historicamente, isto não é verdade. O mercado, apesar de sua inventividade e empreendedorismo, "nunca criou, por si próprio, uma revolução econômica". Trata-se, na verdade, "de um mito inculcado na psique americana". Tal falácia não deve ser cultivada em um momento crítico da história humana como este em que vivemos, "quando nossa sobrevivência e o futuro de nosso planeta estão em jogo". Tanto a primeira quanto a segunda revolução industrial "exigiram um compromisso do governo (em termos de recursos públicos) para construir a infraestrutura". Assim, segundo o então presidente da Câmara de Comércio dos Estados Unidos, a Administração Obama "é ruim para os negócios". Isto é uma afirmativa insustentável, "vinda apenas alguns meses após a administração de Obama e o Congresso terem socorrido a *Wall Street* e evitado sua queda livre para uma forte depressão"[199].

Rifkin também assinala que o governo e o empreendimento privado norte-americano sempre estiveram juntos, ao menos desde o fim da Guerra Civil, quando as ferrovias exigiam intenso auxílio federal para construir

---

199. RIFKIN, Jeremy. *A terceira revolução industrial. Como o poder lateral está transformando a energia, economia e mundo.* Trad. de Maria Lúcia Rosa. São Paulo: M.books do Brasil, 2012. p. 149-150. Título original: The third industrial revolution.

uma infraestrutura continental. Nesta época, surgiu o termo *lobista*, criado pelo presidente Ulysses S. Grant, para designar "a multidão de banqueiros e empresários envolvidos com as ferrovias, que ocupavam o *lobby* (saguão) do majestoso Willard Hotel, em frente à Casa Branca", aguardando que membros do Executivo ou do Congresso os ouvissem para elaborar a respectiva legislação. Os lobistas transformaram-se, então, numa "força não eleita sempre presente na capital da nação, fazendo *lobby* para que o dinheiro dos contribuintes fosse usado para impulsionar o comércio"[200].

Rifkin deixa claro que não há mal nenhum em louvar o mercado, mas negar de modo categórico a interação permanente entre os setores público e privado "encoraja o governo e o setor empresarial a manter uma relação não transparente". Incita o Estado e as empresas a dissimular estas relações por acordos secretos, fundamentados em textos de leis incompreensíveis[201]. O autor aprofunda a questão, afirmando que: "Uma grande maioria dos norte-americanos entretêm o que poderia ser chamado de uma relação quase religiosa com os negócios. Sua fé calvinista no mercado, seu ódio pelo grande governo – a ponto de igualá-lo ao socialismo ateu – os leva cegamente à ganancia corporativa, permitindo que as empresas criem *uma forma de socialismo para os selecionados e o pauperismo para o povo*".

---

200. *Ibid.*, p. 150-151.
201. *Ibid.*, p. 151.

Muitos americanos acreditam, erroneamente, que o sonho americano flui inexoravelmente do mercado livre, desimpedido, e fecham os olhos para a longa história da cumplicidade entre corporação e governo[202].

---

202. São enumerados diversos exemplos concretos da interação governo-indústria-comércio. Dentre estes, destaca a conspiração do governo federal com a AT&T, no início do século XX, "transformando-a em um monopólio de comunicações quase público [...] sem ter de enfrentar concorrência no mercado aberto". *Ibid.*, p. 151-153. O grifo é do autor. AT&T Corporation (abreviação em inglês para American Telephone and Telegraph) é uma companhia norte-americana de telecomunicações. A AT&T provê serviços de telecomunicação de voz, vídeo, dados e internet para empresas, particulares e agências governamentais. Disponível em: https://pt.wikipedia.org/wiki/AT%26T Acesso em: 13-03-2017.

A maldade
da economia neoliberal

Percebe-se que impera a maldade cultivada pela economia pretensamente científica, divulgada pela mídia comprometida. Agridem-se impiedosamente os direitos fundamentais sociais. Põem-se de lado conquistas seculares, estimulando-se a impiedade e a indiferença, evidenciadas pela mortandade das guerras locais, de que a Síria é exemplo marcante. Daí resulta a impossibilidade da sobrevivência, originando migrações precárias que semeiam a morte de adultos e crianças no oceano. Quando sobrevivem, não encontram, nos locais onde chegam, condições para uma vida digna.

É esta a modernidade neoliberal, isto é, o liberalismo manifestamente corrompido e corruptor do ser humano, estimulado a refletir e agir egoisticamente, em busca do valor dinheiro que se entende consolidado na propriedade.

A propriedade constitui direito fundamental, mas isto não significa que possa ser superdimensionada para que a busquemos antes de tudo e a qualquer preço. Assim procedendo, estimula-se o egoísmo e despreza-se a humanidade. A maneira de superar esta crença acha-se no efetivo exercício da *educação* para todos os estratos sociais, com abertura e liberdade de pensamento.

É necessário rejeitar o discurso assentado na pretensa fatalidade da via única – o neoliberalismo globalitário –, que não só não é a única como é a pior possível. A miserabilidade cresce cada dia mais, enquanto os poucos ricos enriquecem incessantemente.

O multimilionário Warren Buffett, o terceiro homem mais rico do mundo, segundo a revista *Forbes*, já em 2011 escreveu, em artigo publicado no jornal *New York Times*: "Enquanto os pobres e a classe média lutam por nós no Afeganistão e a maioria dos americanos passa dificuldades para chegar ao fim de mês, nós, os ricos, seguimos com nossas extraordinárias isenções fiscais". Por isto pediu que os Estados Unidos deixassem de "mimar" os mais ricos com isenções fiscais, solicitando aos líderes políticos de seu país o aumento dos impostos a multimilionários como ele.

Importante referir que Warren Buffett não se acha sozinho, tendo ressaltado que seus amigos multimilionários são, "em geral, pessoas muito decentes, amam os Estados Unidos e apreciam a oportunidade que o país lhes deu". Por isto, "muitos não se importariam em pagar mais impostos, particularmente quando tantos de seus concidadãos estão sofrendo". Buffet conclui: "Chegou a hora de nosso governo falar sério sobre o sacrifício compartilhado"[203].

---

203. Disponível em: http://economia.ig.com.br/multimilionario+warren+buffet+pede+que+eua+parem Acesso em: 16-08-2011

A globalização neoliberal

Ignacio Ramonet, um dos primeiros estudiosos da globalização, ex-diretor do *Le Monde Diplomatique* (1990-2008), em extraordinário escrito, aponta vários aspectos que serão referidos como objeto de reflexão. O primeiro é que os Estados Unidos exercem supremacia política, econômica, militar, tecnológica e cultural. Escrevendo em 2002, observa que este país não exerce sozinho seu poder. A ele se associam Reino Unido, França, Alemanha, Japão e Rússia[204]. Hoje se tem que acrescer a China, que compete economicamente com os Estados Unidos.

Ramonet continua sua percuciente análise, afirmando que "todos os países são arrastados pela dinâmica da globalização", atingindo "as mais remotas regiões do planeta, ignorando a independência dos povos e a diversidade dos regimes políticos". Mas, "desta vez, são empresas e conglomerados, grupos industriais e financeiros privados que pretendem dominar o mundo". Uma característica

---

204. RAMONET, Ignacio. *Guerras do século XXI. Novos temores e novas ameaças.* Trad. de Lucy Magalhães. Petrópolis, RJ: Vozes, 2003. Título original: Guerres du XXIe. siècle. Peurs et menaces nouvelles. p. 7, 14.

fundamental é a pretensão de "uma grande privatização de tudo aquilo que se refere à vida e à natureza", não visando a globalização "conquistar países, mas conquistar mercados"[205]. Para a realização deste objetivo, é essencial a ação das empresas multinacionais e dos grandes grupos multinacionais *da mídia e das finanças*[206].

Os dirigentes dos países dominantes cedem o poder aos grandes grupos financeiros e publicitários, que "detêm a realidade do poder e, através de seus poderosos *lobbies*, exercem pesada influência sobre as decisões políticas dos governos", confiscando "*para seu proveito a democracia*". A isto se juntam "o *Big Bang* das bolsas de valores e a desregulamentação". O mercado é "o adversário maior da coesão social (e da coesão mundial), pois sua lógica afirma que uma sociedade se divide em dois grupos: *os solvíveis* e *os insolvíveis*. Os últimos não lhe interessam; estão, por assim dizer, fora do jogo"[207].

A globalização financeira é liderada pelos Estados Unidos e demais países do chamado primeiro mundo, denominado mundo desenvolvido, embora singularmente subdesenvolvido do ponto de vista humano[208]. A crise fi-

---

205. *Ibid.*, p. 8-9.
206. Conforme já referido, no contexto globalitário o FMI (Fundo Monetário Internacional) exerce função coercitiva sobre a economia dos Estados, visto que *sem o seu aval* não há possibilidade de concessão de crédito junto aos bancos internacionais. Embora seja sabido, ao conceder crédito o FMI impõe programas de ajustes econômico-financeiros como condição de tais concessões. Suas exigências têm sido devastadoras, como aconteceu com a Argentina em 2001, país então considerado exemplo a ser seguido pelos demais tomadores de empréstimo.
207. RAMONET, Ignacio. *Guerras do século XXI. Novos temores e novas ameaças*, p. 18-19. O grifo é do autor.
208. MORIN, Edgar, *Terra-pátria*, p. 110-12.

nanceira 2007-2008, que atingiu dramaticamente o mundo, só foi parcialmente afastada pelo socorro econômico dos Estados, agindo contra a "modernidade". Ficou evidente a larga contribuição estatal para pagar a fantástica dívida econômica ocasionada pelas grandes empresas, que pregam o Estado não interventor.

Ocultando este singular acontecimento, a prática econômico-financeira desestimula todo pensamento que não esteja de acordo com os cânones do *mercado,* cuja existência é louvada repetidamente com a intenção de dominar a consciência humana.

A influência neoliberal na União Europeia

Na situação atual, é indispensável abordar os motivos determinantes da crise em que se encontra a União Europeia, evidenciados por percuciente análise de Michael Löwy, Diretor Emérito do Centre National de la Recherche Scientifique[209]. Observa ele que do triunfo do neoliberalismo resultou "uma democracia de baixa intensidade, sem conteúdo social [...] O declínio da democracia é particularmente visível no funcionamento oligárquico da União Europeia, onde o Parlamento Europeu tem muito pouca influência. O poder está firmemente nas mãos de corpos não eleitos, como a Comissão Europeia e Banco Central Europeu".

Na Europa de hoje o rei não é um Bourbon ou Habsburgo: *o rei é o capital financeiro*. "Os mercados financeiros ditam a cada país os salários, as aposentadorias, os cortes em despesas sociais, as privatizações e as taxas de desemprego."

---

209. Michael Löwy é sociólogo e Diretor Emérito do Centre National de la Recherche Scientifique, Paris.

Acontece que "os *experts*, que comandam a 'salvação' da Europa da crise, foram funcionários de um dos bancos diretamente responsáveis pela crise financeira iniciada nos Estados Unidos, em 2008 [o *Goldman Sachs*]". Isto "ilustra a natureza oligárquica dos experts de elite que comandam a União Europeia"[210].

Além da origem e da atuação dos *experts* da União Europeia, Löwy acentua que "os governos da Europa [...] estão indiferentes aos protestos públicos, greves e manifestações maciças. [...] Estão apenas extremamente atentos à opinião e sentimentos dos mercados financeiros e seus funcionários, as Agências de Avaliação de Risco"[211].

A crise se agrava e o ultraje público cresce, existindo "uma crescente tentação, por parte de muitos governos, de distrair a atenção pública para um bode expiatório: os imigrantes. Deste modo, os estrangeiros sem documentos, imigrantes de países não-europeus, muçulmanos e ciganos estão sendo apresentados como a principal ameaça aos países", o que propicia grandes oportunidades "para partidos racistas, xenófobos, semi ou completamente fascistas, que estão crescendo e já são, em muitos países, par-

---

210. LÖWY, Michael. Quando capitalismo não rima com democracia. Disponível em: http://outraspalavras.net/posts/lowy-quando-capitalismo-nao-rima-com-democracia/ Acesso em: 15-01-2017. Os experts, hoje todo-poderosos na União Europeia, provêm do *Banco Goldman Sachs*: "Mario Draghi, *chefe do Banco Central Europeu*, é um antigo administrador do Banco Internacional de Investimentos *Goldman Sachs*; Mario Monti, ex-Comissário Europeu, também é um antigo conselheiro do *Goldman Sachs*". E mais: Mario Monti e Lucas Papademus são membros da Comissão Trilateral da União Europeia - "um clube muito seleto de políticos e banqueiros que discutem estratégias internacionais". O presidente desta Comissão, Peter Sutherland, foi administrador no *Goldman Sachs*. O vice-presidente, Vladimir Dlouhr, é agora conselheiro do *Goldman Sachs* para a Europa Oriental.

211. *Ibid.*

te do governo – uma ameaça muito séria à democracia europeia"[212].

---

212. *Ibid.*

A dramática situação grega

É indispensável, em nome da humanidade, referir a dramática situação por que passa a Grécia, berço da cultura ocidental.

A Grécia se desestatiza por exigência da iniquidade político-econômica neoliberal, à que se acha submetida pela União Europeia. O problema origina-se em 2009, na sequência da crise econômico-financeira, iniciada nos Estados Unidos (2007-2008).

Desde então, a Grécia tem padecido um sofrimento social incomensurável, buscando solução para pagar sua dívida. Conforme Roberto Sávio, fundador e presidente da agência de notícias *Inter Press Service* e *publisher* de *Other News*, números demonstram que o "'empréstimo' destina-se a pagar a aristocracia financeira – governos europeus ricos e grandes empresas gregas". E continua:

> "As instituições europeias concederam a Atenas, em 2015, um terceiro resgate de 98 bilhões de dólares que, junto com os dois anteriores, soma US$ 273 bilhões [...] Na verdade, a economia produtiva da Grécia viu muito pouco deste dinheiro, já que os resgates foram operações em que os cidadãos gregos não ape-

nas não recebem nada, mas devem pagar um preço brutal."

O resgate tem por fim assegurar o devido ao Banco Central Europeu (BCE) e ao Fundo Monetário Internacional (FMI).

Esclarece Roberto Sávio que dos 98 bilhões de dólares, 41 bilhões se destinarão ao pagamento da dívida com outros governos europeus – *Alemanha em primeiro lugar*. Dos 98 bilhões de dólares, "apenas 8 bilhões *serão destinados à economia real e nada para a cidadania*, que deverá sofrer uma série de novas medidas drásticas de austeridade, que deprimirão ainda mais seu nível de vida e seu poder aquisitivo[213].

A situação descrita foi autorizada pela Comissão Europeia, na presidência de Jean-Claude Juncker, pelo Banco Central Europeu e pelo Fundo Monetário Internacional, todos seguindo orientação neoliberal[214].

"Nenhum economista acredita que a Grécia possa pagar sua dívida", pois sempre teve uma economia frágil,

---

213. "Outros 28 bilhões irão à recapitalização dos bancos gregos, sangrados pela fuga de capitais do país, em direção a bancos europeus mais seguros. Serão destinados 28 bilhões ao pagamento dos juros da dívida que a Grécia vem acumulando." SÁVIO, Roberto. Grécia: a verdade sobre o "resgate". Disponível em: http://outraspalavras.net/posts/grecia-a-verdade-sobre-o-resgate/ Acesso em: 17-03-2017

214. Aponta Roberto Sávio um dado importante, desconhecido: o atual presidente da Comissão Europeia – *Jean-Claude Juncker* – quando foi primeiro-ministro do Luxemburgo (1995-2013), "concedeu desonerações fiscais secretas a mais de uma centena de empresas internacionais". Dado significativo, que não pode ser omitido, é que muitos líderes da União Europeia, a começar por seu próprio presidente referido, orientados pela concepção neoliberal, chegaram ao ponto de intervir politicamente no *referendo interno grego*, em 05 de julho de 2015, ▶

com pouca indústria, sendo o turismo sua principal fonte de renda. E "a situação é agravada por décadas de má gestão e corrupção de seus partidos tradicionais – esses mesmos partidos que os líderes europeus desejam que recuperem o governo de Atenas".

As fontes autênticas da desgraça político-econômica grega são muitas. Faremos referência a apenas duas das maiores privatizações do país: "a venda de 67% da empresa do Porto de Pireu (OLP) ao grupo chinês Chinese Ocean Shipping Company (Cosco) e a concessão de 14 aeroportos a um consórcio privado dominado pelo grupo alemão Fraport"[215].

A aquisição do Porto de Pireu pela Cosco, *empresa estatal chinesa*, deu-se por meio de "um procedimento que caracteriza quase todos os leilões das empresas gregas: as ofertas foram dadas por *apenas um candidato*", do que resultou o controle absoluto dos chineses sobre o maior porto grego.

Em outra grande operação de privatização, houve a associação da *empresa alemã Fraport* com o oligarca grego Dimitris Copelouzosi, dela tendo resultado os direitos de exploração e ampliação de catorze aeroportos por 40 anos, com opção de estendê-la para 50 anos. A Alema-

---

▶ pedindo aos gregos que votassem contra o primeiro-ministro Alexis Tsipras, que resistiu ao trato econômico dispensado à Grécia. O que os governantes europeus quiseram deixar claro foi que "a revolta contra a austeridade e a economia neoliberal deve ser castigada *para evitar contágio político*". Ibid. O grifo é do autor.

215. KADRITZKE, Niels. Grécia, a grande liquidação. *Le Monde Diplomatique Brasil* 108, São Paulo, jul. 2016, p. 18-19. Este autor é responsável pela edição alemã do *Le Monde Diplomatique*.

nha – principal credor de Atenas – é o grande beneficiário deste negócio[216].

Como é perceptível, a análise da situação político-econômica da Grécia evidencia que o Estado grego vem sendo progressivamente eliminado, tendo sido seu poder transferido para o setor privado, notadamente internacional.

A dramaticidade da situação da Grécia, *após seis anos de austeridade imposta pela troika* (Fundo Monetário Internacional, Banco Central Europeu e Comissão Europeia), foi até mesmo referida pelo Jornal Globo News[217]: o salário mínimo foi cortado em 26%, as pensões em 45%, tendo a renda média diminuído 38%, estando 25% dos gregos desempregados, sendo de 50% o desemprego entre os jovens; 33% da população grega vive abaixo da linha de pobreza.

É fundamental relatar parte do depoimento de Thomas Piketty, economista consagrado, em entrevista ao alemão Gavin Schalliol, em 2015. Começa por dizer que, quando estava escrevendo o *Capital no século XXI*, que trata da renda e da riqueza, inclusive das nações, ficou chocado por ser a Alemanha "o único e melhor exemplo de um país que nunca pagou sua dívida externa em toda a sua história. Nem depois da Primeira nem depois da Segunda Guerra Mundial"[218].

---

216. *Ibid.*, p. 18-19. Conforme nota 5 do texto citado, o oligarca grego Dimitris Copelouzosi fez fortuna no setor de energia e infraestrutura graças às suas redes políticas na Grécia, mas também graças aos contatos como o grupo russo Gazprom.
217. Jornal Globo News das 22 horas, dia 05 de julho de 2015.
218. PIKETTY, Thomas. *Na Grécia, Europa decidirá seu futuro.* Disponível em: http://outraspalavras.net/posts/piketty-na-grecia-europa-decidira-seu-futuro/ Acesso: 02-04-2017

Piketty não deixa de reconhecer que os gregos cometeram grandes erros, salientando que "até 2009 o governo de Atenas forjou suas contas. Apesar disso, as novas gerações de gregos não têm responsabilidade pelos erros de seus antepassados, assim como a geração mais jovem de alemães não teve nas décadas de 1950 e 1960. Temos de olhar para frente"[219].

Paul Krugman, consagrado economista e Prêmio Nobel de Economia, reconhecendo que houve corrupção e evasão fiscal na Grécia, já afirmava, em 2012, que, apesar das acusações tanto verdadeiras quanto falsas, feitas contra a Grécia, "as origens do desastre encontram-se mais ao norte, em Bruxelas, Frankfurt e Berlim, onde as autoridades criaram um sistema monetário profundamente defeituoso – e talvez condenado a morrer – e depois agravaram os problemas deste sistema substituindo a análise por lições de moral"[220].

Joseph Stiglitz, Prêmio Nobel de Economia, ex-economista-chefe e vice-presidente sênior do Banco Mundial, argumentava, em 2002, que, durante o tempo em que esteve no Banco Mundial, observou "o efeito devastador que a globalização pode ter sobre países em desenvolvimento, em especial sobre as populações pobres destes países". Acrescia que o que impede o Fundo Monetário Internacional de agir em consonância com as necessidades reais é a "suposição obsoleta de que os mercados, por si sós,

---

219. *Ibid.*
220. KRUGMAN, Paul. *A vítima grega.* Disponível em: http://outraspalavras.net/posts/a-vitima-grega/ Acesso em: 04-04-2017

geram resultados eficientes". Deixa claro que "as decisões eram tomadas com base no que parecia ser uma curiosa mistura de ideologia e má economia, dogma que, às vezes, mal encobria interesses específicos", desconsiderando-se "os efeitos que elas teriam sobre as populações dos países orientados a seguir tais políticas"[221].

Em 2015, Joseph Stiglitz e Martin Guzman publicaram no *Huffington Post* extensa opinião sobre a crise grega, concluindo que, "quando uma crise se torna insustentável, é preciso que haja um recomeço. Este é um princípio básico, há muito conhecido e admitido". Mas "até agora, a *troika* está retirando da Grécia tal possibilidade"[222].

O primeiro-ministro Alexis Tsipras, então demissionário, já em 2012 externava seu ponto de vista, decorrente de sua vivência, afirmando que "a guerra em que vivemos hoje na Europa não é guerra entre nós, os povos europeus. É guerra em que se enfrentam, de um lado, as forças do trabalho e, de outro, as forças invisíveis das finanças e dos bancos". Ajuntava que o capital financeiro e os bancos estavam efetivamente governando, tendo se aliado para "poder generalizar a sua 'solução' de choque neoliberal contra outros povos europeus"[223].

---

[221]. STIGLITZ, Joseph E. *A globalização e seus malefícios*. Trad. de Bazán Tecnologia e Linguística. São Paulo: Futura, 2002, p. 85, passim. Posteriormente, este autor escreveu vários livros da maior relevância sobre a situação mundial neoliberal, evidenciando sua insustentabilidade.

[222]. _____. Stiglitz encoraja a Grécia: "há vida depois da ruptura". Disponível em: http://outraspalavras.net/posts/stiglitz-encoraja-grecia-ha-vida-depois-da-ruptura/ Acesso em: 04-04-2017.

[223]. TSIPRAS, Alexis. "O que está em jogo em Atenas". Disponível em: http://outraspalavras.net/posts/%e2%80%9co-que-esta-em-jogo-em-atenas%e2%80%9d/ Acesso em: 04-04-2017.

Considerando a tragédia econômica grega apoiada pela União Europeia, Ingo Sarlet lembra que, dentre os países-membros da União, o princípio do respeito à dignidade da pessoa humana encontra-se consignado nas Constituições da Alemanha (art. 1º, inc. 1), Espanha (prêambulo e art. 10.1), Grécia (art. 2º, inc. 1), Irlanda (preâmbulo) e Portugal (art. 1º). Também na Constituição da Itália, há referência implícita à dignidade da pessoa humana. A Constituição da Bélgica, conforme sua revisão em 1994, incluiu o art. 23, assegurando aos belgas e estrangeiros em território belga "o direito de levar uma vida de acordo com a dignidade humana"[224]. Os dispositivos constitucionais referidos já seriam suficientes para demonstrar surpresa diante do comportamento da União Europeia relativamente à Grécia.

Ainda acresce Ingo Sarlet que o desrespeito à dignidade da pessoa humana contraria a Carta dos Direitos Fundamentais da União Europeia, promulgada em Nice, em dezembro de 2000. Conforme seu artigo 1º, "A dignidade do ser humano é inviolável. Deve ser respeitada e protegida." [...] Também "O Tribunal de Justiça das Comunidades Europeias já tem firmado posição no sentido de que constitui uma obrigação do Tribunal efetuar o controle da compatibilidade dos órgãos da Comunidade com os princípios gerais do direito comunitário, *especialmente no sentido de proteger a dignidade da pessoa humana e o direito fundamental à integridade pessoal*".

---

224. SARLET, Ingo Wolfgang. *Dignidade da Pessoa Humana e Direitos Fundamentais na Constituição Federal de 1988*. 9ª ed. rev. atual. Porto Alegre: Livraria do Advogado, 2012. p. 78,76.

Ricardo Camargo, tratando da redução do jurídico ao econômico, refere o pronunciamento do juiz Antônio Augusto Cançado Trindade, na Corte Interamericana de Direitos Humanos:

> "Em tempos da assim chamada 'globalização' (o neologismo dissimulado e falso que está na moda em nossos dias), as fronteiras abriram-se aos capitais, bens e serviços, mas fecharam-se tristemente aos seres humanos. O neologismo que sugere a existência de um processo que a todos abarcaria e do qual todos participariam, na realidade oculta a fragmentação do mundo contemporâneo, assim como a exclusão e marginalização sociais de segmentos cada vez maiores da população. O progresso material de alguns fez-se acompanhar pelas formas contemporâneas e clandestinas de exploração laboral de muitos (a exploração dos migrantes sem documentos, a prostituição forçada, o tráfico de crianças, o trabalho forçado e escravo), em meio ao aumento comprovado da pobreza, e exclusão e marginalização sociais.
>
> Como circunstâncias agravantes, o Estado abdica de sua ineludível função social e entrega irresponsavelmente ao 'mercado' os serviços públicos essenciais (educação e saúde, entre outros), transformando-os em mercadorias às quais o acesso se torna cada vez mais difícil para a maioria dos indivíduos. Estes últimos passam a ser vistos como meros agentes de produção econômica, em meio à triste mercantilização das relações humanas."[225]

---

225. Pronunciamento do juiz Antônio Augusto Cançado Trindade, na Corte Interamericana de Justiça. Cf. CAMARGO, Ricardo Antônio Lucas. *Direito, globalização e humanidade: o jurídico reduzido ao econômico*. Porto Alegre: Sergio Antonio Fabris, 2009. p. 37-38. O referido juiz é atualmente membro do Tribunal Internacional de Justiça.

Maleficios
do neoliberalismo

O objetivo visado neste trabalho foi demonstrar que os malefícios ocasionados pelo neoliberalismo continuam em curso. O acontecimento mais relevante é a dramática situação hoje vivida pela Grécia. A administração brasileira pós-impeachment ou a ignora ou a despreza, seguindo os objetivos neoliberais. Como isto se comprova a cada dia que passa, o presente escrito demonstra preocupação com as consequências sociais historicamente evidenciadas por essa orientação política indefensável.

A agressão aos direitos fundamentais sociais consagrados na Constituição é evidente. É urgente a mudança desta orientação político-econômica para que não se repita, no Brasil, a situação da Grécia.

As inomináveis condições sociais em que vive a maioria da população brasileira reclamam atuação humanitária urgente. Apesar disso, a administração federal iniciou congelando a saúde e educação por 20 anos. Isto evidencia o desdém do Poder Executivo, com o apoio do Poder Legislativo, no cumprimento dos direitos fundamentais sociais.

Capítulo IV

DEMOCRACIA EM RISCO

Democracia *versus* oligarquia multinacional

Ao final deste estudo sobre a globalização neoliberal e evidenciado seu malefício, notadamente na Grécia, cumpre que se advirta que o rumo político seguido no Brasil caminha para a dramática repetição do drama grego. Para que isto seja evitado, em manifesto desrespeito aos legítimos interesses populares, cabe ressaltar a importância do pensamento de Platão (427-347 AC) e Aristóteles (385-322 AC), que já deixavam claro que a atuação política do ser humano pode ser tanto benéfica quanto maléfica[226].

Aristóteles, pensando sobre a natureza humana, afirmou que "o homem, quando perfeito, é o mais excelente dos animais; quando afastado da lei e da justiça, é o pior de todos. [...]", sendo "a mais ímpia e a mais selvagem das criaturas quando despido de virtude [...]"[227].

---

226. É interessante referir alguns dados biográficos destes dois grandes filósofos. Aristóteles ingressou na *Academia de Platão*, aos 18 anos, tendo nela permanecido por 20 anos. Ao contrário de Platão, que foi um ateniense bem-nascido e viveu 80 anos, Aristóteles passou por dificuldades em sua vida, tendo sido considerado pelos nacionalistas atenienses como partidário da Macedônia, o que o obrigou a retirar-se para uma propriedade herdada de sua mãe (em Cálcis), onde veio a falecer, aos 63 anos.

227. ARISTOTE. *La politique*. Introd. Notes et index par J. Tricot. 2.éd. Paris: Libraire Philosophique J. Vrin, 1970. I, 2, 1253a, p. 28,30 e 31, nota 1.

Depois, fala da justiça distributiva que diz respeito à "distribuição das honras, riquezas e demais bens que podem ser repartidos entre os membros da comunidade política"[228].

O pensamento de Aristóteles foi influenciado por Platão, que já observava que a justiça e a injustiça encontram-se tanto no indivíduo quanto na *polis*. Tratando da organização da cidade, Platão refere, como condição de estabilidade, a inexistência de extremos na divisão da riqueza social. A seguir, este filósofo afirma que "um Estado que não deva tornar-se vítima do pior dos males, que melhor se chamaria *desunião* do que *sedição*, não pode haver nem cidadãos em situação de intolerável pobreza nem outros desfrutando de grande riqueza, tendo em vista que esta dupla causa produz este duplo efeito"[229].

Essa situação inaceitável torna-se evidente quando Platão, na *República*, discorre sobre a oligarquia dizendo que uma cidade assim é dupla: a dos pobres e a dos ricos, "que habitam o mesmo solo e conspiram incessantemente uns contra os outros; [...] não se pode prevenir tal desordem dos governos oligárquicos; ao contrário, uns não estariam ricos em excesso e outros em completa miséria"[230].

---

228. ARISTOTE. *Éthique à Nicomaque*. Nouv. trad. avec introd., notes et index par J. Tricot. 2.éd. Paris: Librairie philosophique J. Vrin, 1967. V, 6, 1131 a, p. 225.
229. PLATON. Les lois. In: *Oeuvres complètes*. Trad. nouv. et notes par Léon Robin avec la collaboration de M. J. Moreau. Paris: Gallimard, 1950. t. 2, V. 744d, p. 804.
230. PLATON. La republique. In: *Oeuvres complètes*. Trad. nouv. et notes par Léon Robin avec la collaboration de M. J. Moreau. Paris: Gallimard, 1950. t.1, 551d, p. 1150.

Esses inesquecíveis pensamentos têm uma atualidade manifesta. Não resta dúvida que o poder dominante no mundo globalizado não atenta à justiça distributiva. Assistimos, hoje, ao contristador espetáculo em que a extrema pobreza se encontra em face da riqueza ilimitada.

Estas últimas observações coincidem com o que hoje é preconizado pela globalização neoliberal, aceita pela atual administração brasileira voltada a interesses inescusáveis, com o apoio do Poder Legislativo.

Há uma agressão evidente aos direitos fundamentais sociais consagrados na Constituição de 1988, como já salientava o insigne jurista Fábio Konder Comparato, em seu discurso de despedida, por ocasião de sua aposentadoria na Faculdade de Direito da USP, em 09/08/2006:

> "Quando a Constituição declara a dignidade da pessoa humana como fundamento do Estado brasileiro (art. 1º, III), ou quando determina que este tem por objetivo fundamental 'construir uma sociedade justa e solidária' (art. 3º, I), das duas uma: ou estamos diante de proposições de cunho meramente ornamental, ou perante normas impositivas [...] Uma lei perfeitamente compatível com a Constituição deve ter sua aplicação recusada pelo Judiciário em determinada hipótese, quando produzir, como resultado, a negação da dignidade humana. Analogamente, uma política pública que contribui comprovadamente para provocar o desemprego em massa ou a pauperização de parcelas significativas do povo, choca-se com o mandamento constitucional de erradicação da pobreza e da marginalização, e de redução

das desigualdades sociais e regionais (Constituição Federal, artigos 3º, III e 170, VII e VIII)."

No Brasil, com a indiferença estatal, a desigualdade crescente, em especial *pós-impeachment*, tem sido amplamente divulgada pela imprensa. O *Jornal do Comércio*, de 26/09/2017, p.5, assim relatou a situação vigente: "Bilionários expõem as desigualdades do país. Seis brasileiros ricos detêm uma fortuna igual à de 100 milhões dos mais pobres". Por sua vez, o jornal *Zero Hora*, de 16 e 17/12/2017, p.17, referiu que "Um quarto dos brasileiros vive com menos de US$ 5,50 por dia; 42% das crianças de zero a 14 anos está abaixo da linha de pobreza".

Em meio a essa situação, o Poder Executivo tem tratado de leiloar o pré-sal, eliminando a exclusividade da Petrobras como operadora dessas áreas. Dos oito blocos do pré-sal ofertados, seis foram arrematados. Empresas de origem europeia (Espanha, França, Grã-Bretanha, Portugal), norte-americanas e chinesas participaram dos leilões. Dentre as 16 empresas habilitadas a participar dos leilões, na segunda e terceira rodadas, estavam algumas gigantes do petróleo mundial, como a ExxonMobil (Estados Unidos) e a Statoil (estatal norueguesa)[231].

Um ponto essencial a ser destacado é a MP do Trilhão (MP 795/17), a qual foi amplamente discutida pelo Poder Legislativo ao aprovar uma versão ainda pior do que a proposta pelo Poder Executivo. Desta MP resultou o perdão de R$ 54 bilhões em dívidas das multinacionais

---

231. Disponível em: http://www.redebrasilatual.com.br/politica/2017/conclusao-leiloes-pre-sal-menos-brasileiro

petroleiras, além da concessão de isenções tributárias para a indústria multinacional do petróleo, que podem ultrapassar R$ 1 trilhão, em 25 anos. Foram beneficiadas de maneira ímpar petroleiras internacionais como a Shell e a British Petroleum[232].

Esse benefício às petroleiras internacionais contrasta com o indefensável corte de recursos à saúde e educação por 20 anos[233], estabelecido no início desse governo, com o apoio do Poder Legislativo, o que paradoxalmente não suscitou repúdio social.

É essencial reagir à repetição do drama grego. Historicamente, como visto, a oligarquia semeava a sedição devido à intolerável distinção entre a pobreza e a riqueza. Hoje, a situação se repete, sob o comando corruptor das empresas multinacionais. Se não houver reação, o desrespeito aos direitos fundamentais sociais consagrados na Constituição os transformará em letra morta.

---

232. Disponível em: http://congressoemfoco.uol.com.br/noticias/%E2%80%-9Cmp-do-trilhao%E2%80%9D-camara-derruba-emenda-com-prazo-menor-de-beneficio-a-petroliferas-estrangeiras/ Acesso em: 10-04-2018
233. A Emenda constitucional n. 95 (oriunda da PEC 241, da Câmara, e PEC 55, do Senado) promoveu o maior ajuste fiscal da história brasileira.

Bibliografia

ALTHUSSER, Louis. *Montesquieu. A política e a história*. Trad. de Luz Cury e Luisa Costa. Lisboa: Presença, 1972. Trad. de: Montesquieu. La politique et l'histoire.

ANDERSON, Perry. Balanço do neoliberalismo. In: SADER, Emir; GENTILI, Pablo (org.). *Pós-neoliberalismo: as políticas sociais e o Estado democrático*. 3ª ed. Rio de Janeiro: Paz e Terra, 1996.

ARBAN, Dominique. *Dostoievski*. Trad. Waltensir Dutra. Rio de Janeiro: José Olympio, 1989.

ARISTOTE. *Ethique à Nicomaque*. Nouv. trad. avec introd., notes e index par J. Tricot. 2ª éd. Paris: Librairie philosophique J. Vrin, 1967.
_____. *La politique*. Introd., notes et index par J. Tricot. 2ª éd. Paris: Librarie Philosophique J. Vrin, 1970.
_____ *Rhétorique*. Trad. Médéric Dufour 2ª éd. Paris: "Les Belles Lettres", 1960. v.1

AZEVEDO, Plauto Faraco de. *Aplicação do direito e contexto social*. 3ª ed. rev. atual. ampl. São Paulo: Revista dos Tribunais, 2014.
_____.*Crítica à dogmática e hermenêutica jurídica*. 2ª ed. rev. atual. ampl. Porto Alegre: Fabris, 2015.
_____.*Direito, justiça social e neoliberalismo*. São Paulo: Revista dos Tribunais, 1999.
_____.*Ecocivilização: ambiente e direito no limiar da vida*. 3ª ed. São Paulo: Revista dos Tribunais, 2014.
_____.*Justiça distributiva e aplicação do direito*. Porto Alegre: Fabris, 1983.
_____ *Limites e justificação do poder do Estado*. 2ª ed. rev. atual. São Paulo; Revista dos Tribunais, 2014.
_____.*Método e hermenêutica material no direito*. Porto Alegre: Livraria do Advogado, 1999.

BARRACLOUGH, Geoffrey. *Introdução à história contemporânea.* Rio de Janeiro: Zahar, 1966. Tradução de: An Introduction to Contemporary History.

BARRÈRE, Alain. *Théorie économique et impulsion keynésienne.* Préface de Jean Marchal. Paris : Dalloz, 1952.

BEAUD, Michel & DOSTALER, Gilles. *La pensée économique depuis Keynes. Historique et dictionnaires des principaux auteurs.* Paris: Éd. du Seuil, 1993.

BELAID, Sadok. *Essai sur le pouvoir créateur et normatif du juge.* Paris: Librairie Générale de Droit et de Jurisprudence, 1974.

BOBBIO, Norberto. *A era dos direitos.* Trad. de Carlos Nelson Coutinho. Rio de Janeiro: Campus, 1992. Tradução de: L'età dei Diritti.

BODENHEIMER, Edgar. *Ciência do direito. Filosofia e metodologia jurídicas.* Rio de Janeiro: Forense, 1966. Tradução de: Jurisprudence. The Philosophy and Method of the Law.
_____. *Jurisprudence. The philosophy and method of the law.* ed. rev. Cambridge, Mass.: Harvard University Press, 1974.
_____.*Teoria del derecho.* Trad. por Vicente Herrero. México: Fondo de Cultura Económica, 1942. Tradução de: Jurisprudence.

BONNECASE, Julien. *Introduction à l'étude du droit.* 2ª ed. augmentée Paris : Recueil Sirey, 1931.

BOURDIEU, Pierre. Contre-feux. Paris: Raisons d'Agir, 1998.

BOYLE, David. *O pequeno livro do dinheiro: uma visão instigante do modo como o dinheiro funciona.* Trad. de Gilson César Cardoso de Sousa. São Paulo: Cultrix, 2005. Tradução de: The Little Money Book.

BROOKS, David. *Senado dos Estados Unidos consuma a aprovação da tortura.* Disponível em: http://carta maior.com.br/?/Editoria/Internacional/Senado-dos-Estados-Unidos-consuma-a-aprovação-da-tortura> Acesso em: 01 set. 2015.

BUENO, Eduardo. *Brasil: Terra à vista.* Ilustrações de Edgar Vasques. Porto Alegre: L&PM, 2000.

BURNS, Edward McNall. *História da civilização ocidental*. Trad. de Lorival Gomes Machado, Lourdes Santos Machado e Leonel Vallandro. 2ª ed. rev. atual. Rio de Janeiro: Ed. Globo, 1964. v. l Tradução de: Western civilizations.

CALAMANDREI, Piero. "L'avvenire dei diritti di libertà". In RUFFINI, Francesco. *Diritti di libertà*. 2ª ed. Firenza: La Nuova Italia, 1946.

CAMARGO, Ricardo Antônio Lucas. *Direito, globalização e humanidade: o jurídico reduzido ao econômico*. Porto Alegre: Sergio Antonio Fabris, 2009.

CAPUL, Jean-Yves & GARNIER, Olivier. *Dictionnaire d'économie et de sciences sociales*. Paris: Hatier, 1999.

CARELLI, Wagner. Pequeno tratado do malcriado brasileiro. *Carta Capital*, São Paulo 15 :13-25, out. 1995.

CASSEN, Bernard; CLAIRMONT, Frédéric. Globalisation à marche forcée. *Le Monde Diplomatique,* Paris, déc. 2001.

CHOMSKY, Noam. *Deux heures de lucidité*. Entretiens avec Denis Robert e Veronika Zarachowicz. Paris : Les Arènes, 2001.

COLLINGWOOD. The Idea of History. Oxford, 1946. Cf. COING, H. "Savigny et Collingwood ou: Histoire et Interprétation du droit". *Archives de Philosophie du Droit*. Paris : Sirey, 1959.

COLQUHOUN, Patrick. A treatise of indigence, 1806. Cf. LASKI, Harold J. The rise of european liberalism. New Brunswick (U.S.A.) and London: Transaction Publishers, 1997.

COMPARATO, Fábio Konder. *A civilização capitalista: para compreender o mundo em que vivemos*. São Paulo: Saraiva, 2013.
_____. *Ética: direito, moral e religião no mundo moderno*. São Paulo: Companhia das Letras, 2006.
_____. *A afirmação histórica dos direitos humanos*. 7ª ed. rev. atual. São Paulo: Saraiva, 2010.

DAHRENDORF, Ralph. *Quadrare il cerchio. Benessere economico, coesione sociale e libertà politica*. Trad. de Rodolfo Rini. Roma: Laterza, 1995. Tradução de : Economic opportunity, civil society, and political liberty.

DE LA CUEVA, Mario. *Derecho mexicano del trabajo*. 12.ed. Mexico: ed. Porrua, 1970.

DECAUX, Emmanuel, org. *Les grands textes internationaux des droits de l'homme*. Paris: La Documentation française, 2008.

DECLARAÇÃO de Estocolmo. Estocolmo, Conferência das Nações Unidas sobre o meio ambiente, 1972. Disponível em: http://www.direitoshumanos.usp.br/index.php/MeioAmbiente/declaracao-de-estocolmo-sobre-o-ambiente-humano.html Acesso em: 09/04/2017.

DEFARGES, Philippe Moreau. *La mondialisation*. 9ª éd. mise à jour Paris: Presses Universitaires de France, 2012.

DERSHOWITZ, Alan. *Guerrilheiros dos tribunais*. Veja, 17 set. 2003.

DEWEY, John. *Problems of men*. New York: Philosophical Library, 1946. p. 111-117; há tradução em espanhol: _____El hombre y sus problemas. Trad. por Eduardo Prieto. 3ª ed. Buenos Aires: Paidós, 1967.

D'HOLBACH. Représentants (Droit politique, Hist. moderne). In: *Encyclopédie ou Dictionnaire raisonné des sciences, des arts et des métiers*. Paris: Garnier-Flammarion, 1986. v. 2.

DIDEROT. Misère. In: *Encyclopédie ou Dictionnaire raisonné des sciences, des arts et des métiers*. Chronologie, introduction et bibliographie par Alain Pons. Paris: Garnier-Flammarion, 1986. v. 1.

DOSTOIEVSKI, Fiodor. *Recordações da Casa dos Mortos*. Prefácio de Brito Broca. Trad. do francês de Rachel de Queiroz. 4ª ed. Rio de Janeiro: José Olympio, 1953.

EISENMANN, Charles. "Le juriste et le droit naturel". In: *Annales de philosophie politique*. Paris: Presses Universitaires de France, 1959, v.3.

FERREIRA, Aurélio Buarque de Holanda. *Dicionário Aurélio da língua portuguesa*. 5ª ed. Curitiba: Positivo, 2010.

FORRESTER, Viviane. *L'horreur économique*. Paris: Fayard, 1996.
_____. *Uma estranha ditadura*. Trad. de Vladimir Safatle. São Paulo: UNESP, 2001. Título original: Une étrange dictature.

FRIEDMANN, W. *Legal Theory*. 5. ed. London: Stevens, 1967.

FRANCO, Sérgio da Costa. *Getúlio Vargas e outros ensaios*. Porto Alegre: Ed. Universidade/UFRGS, 1993.

FURET, François. Entrevista à Esther Hambúrguer, *Folha de São Paulo*, São Paulo, 04 jan. 1992. Caderno 5, p. 1.

FURTADO, Celso. Entrevista à *Revista Veja*, 08-01-1977.
_____. *O longo amanhecer – reflexões sobre a formação do Brasil*. Rio de Janeiro: Paz e Terra, 1999.

GARAUDY, Roger. *Pour un dialogue des civilisations*. Paris: Denoël, 1977. Há tradução portuguesa: O ocidente é um acidente: por um diálogo das civilizações. Trad. de Virginia da Mata-Machado. Rio de Janeiro: Salamandra, 1978.

GENY, François. *Méthodes d'interprétation et sources en droit privé positif*. Préf. par Raymond Saleilles. 2.éd. rev. et mise au courant. Paris: Librairie Générale de Droit et Jurisprudence, 1954. v. 2.

GROSSI, Paolo. *Absolutismo jurídico y derecho privado en el siglo XIX*. Barcelona: Universidad Autónoma de Barcelona, 1991.

GALBRAITH, John Kenneth. *L'art d'ignorer les pauvres*. Préface de Serge Halimi. Paris: ed. Les Liens qui libèrent. *Le Monde Diplomatique*, 2011; _____How to Get the Poor Off Our Conscience. Disponível em: http://en.heidi-barathieu-brun.ch/wp-archive/12 Acesso em: 28-11-2016.

GIDE, André. *Dostoievki*. Paris: Gallimard, 1923.

HELLER, Hermann. *Teoria do Estado*. Trad. de Luis Tobío. São Paulo: Mestre Jou, 1969. Título original: Staatslehre.

HENKEL, Heinrich. *Introducción a la filosofia del derecho*. Trad. de Enrique Gimbernat Ordeig. Madrid: Taurus, 1968. Título original: Einführung in die Rechtsphilosophie.

HOBSBAWM, Eric. *Era dos extremos. O breve século XX: 1914-1991*. Trad. de Marcos Santa Rita. São Paulo: Companhia das Letras 1995. Título original: Age of Extremes. The short twentieth century: 1914-1991.

HUBERMAN, Leo. *História da riqueza do homem*. Trad. de Waltensir Dutra. 18ª ed. Rio de Janeiro: Zahar, 1982. Título original: Man's Wordly Goods.

JASPERS, Karl. *La situation spirituelle de notre époque*. Trad.: Jean Ladrière et Walter Biemel. 4ª éd. Paris: Desclée de Brower; Louvain: E. Nauwelawerts, 1966.

KADRITZKE, Niels. Grécia, a grande liquidação. *Le Monde Diplomatique Brasil* 108, São Paulo, jul. 2016, p. 18-19.

KRUGMAN, Paul. *A vítima grega*. Disponível em: http://outraspalavras.net/posts/a-vitima-grega/ Acesso em: 04-04-2017.

LACORDAIRE, Henri. *Conférences de Notre-Dame de Paris*, Sagnier et Bray, Paris, 1848 . Disponível em: https://fr.wikiquote.org/wiki/Henri_Lacordaire e http://dicocitations.lemonde.fr/citations/citation-143827.php Acesso: 11-10-2016.

LASKI, Harold J. *El liberalismo europeo*. Trad. de Victoriano Miguélez. México: Fondo de Cultura Económica, 1939. Título original: The Rise of European Liberalism.

LEGAZ Y LACAMBRA, Luis. *Filosofia del derecho*. 4ª ed. Barcelona: Bosch, 1975.

LIMA, Alceu Amoroso. *Memorando dos 90: entrevistas e depoimentos* /Alceu Amoroso Lima; textos coligidos e apresentados por Francisco de Assis Barbosa. Rio de Janeiro: Nova Fronteira, 1984.

LOPEZ, Robert. Un nouvel apartheid social. Hautes murailles pour villes des riches. *Le Monde Diplomatique*. Paris, mars 1996.

LÖWY, Michael. Quando capitalismo não rima com democracia. Disponível em: http://outraspalavras.net/posts/lowy-quando-capitalismo-nao-rima-com-democracia/ Acesso em: 15/01/2017.

LUTZENBERGER, José A. *Fim do futuro? Manifesto ecológico brasileiro*. Introdução de Lair Ferreira. Porto Alegre: Movimento, Universidade Federal do Rio Grande do Sul, 1978.
_____. Nós estamos consumindo o planeta. *Valor*, E-10, 09 ago. 2000.

LYRA FILHO, Roberto. *Para um direito sem dogmas*. Porto Alegre: Fabris, 1980.

MARTIN, Hans-Peter & SCHUMANN, Harald. *A armadilha da globalização. O assalto à democracia e ao bem-estar social.* Trad. de Waldtraut U. E. Rose e Clara C.W. Sackiewicz. 4ª ed. São Paulo: Globo, 1998. Título original: Die Globalisierungsfalle.

MARX, Karl. Idéologie allemande (Conception matérialiste et critique du monde). In: *Oeuvres*. Edition établie, présentée et annotée par Maximilien Rubel. Paris: Gallimard, 1982. t. 3 (Philosophie) Bibliothèque de la Pléiade.

MATA-MACHADO, Edgar. *Elementos de teoria geral do direito*. Belo Horizonte: Ed. Vega, 1972.

MILNE, Seumas. Et Margaret Thacher brisa les syndicats. In: *L'Atlas: histoire critique du XXe. siècle*. Paris: Monde diplomatique, 2010.

MONOD, Théodore. *Et si l'aventure humaine devait échouer?* Paris: Grasset, 2000.

MORIN, Edgar. Em busca dos fundamentos perdidos. In: MORIN, Edgar; NAÏR, Sami. *Uma política de civilização*. Trad. de Armando Pereira da Silva. Lisboa: Instituto Piaget, 1997. Título original: Une politique de civilisation complexe.
_____. *Introdução ao pensamento complexo*. Trad. de Dulce Matos 2ª ed. Lisboa: Instituto Piaget, 1990. Título original: Introduction à la pensée complexe.
_____. *Meus demônios*. Tradução Leneide Duarte e Clarisse Meireles. Rio de Janeiro: Bertrand Brasil, 1997. Título original: Mes démons.
_____. *Para sair do século XX*. Trad. de Vera Azambuja Harvey. Rio de Janeiro: Nova Fronteira, 1986. Título original: Pour sortir du XXe.siècle .
_____. A união na busca de uma força de pensamento. *Zero Hora*, 05 set. 1998. Caderno de Cultura, p. 4.

MORIN, Edgar; KERN, Anne Brigitte. *Terre-patrie*. Paris: Seuil, 1993. Há tradução em português: Terra-Pátria. Porto Alegre: Sulina, 1995.

NUNES, Avelãs A. J. *Noção e objecto da economia política*. Coimbra: Almedina, 1996.

ORTEGA Y GASSET, José. *Que é filosofia?* Rio de Janeiro: Livro Ibero-Americano, 1961. Título original: Que es filosofia?

PERELMAN, Chaim. De la justicia. Prefacio de Luis Recaséns Siches. Tradução Ricardo Guerra. México: Universidad Nacional Autónoma de México, 1964. Tradução de: De la justice.

PEREZ LUÑO, Antonio E. *Los derechos fundamentales*. 7ª ed. Madrid: Tecnos, 1998.

PEREZ LUÑO, Antonio Enrique. *Derechos humanos*, estado de derecho y constitución. 6ª ed. Madrid: Tecnos, 1999.

PETERS, F. E. *Termos filosóficos gregos. Um léxico histórico*. Prefácio de Miguel Baptista Pereira. Trad. de Beatriz Rodrigues Barbosa. Lisboa: Fundação Calouste Gulbenkian, 1977. Título original: Greek Philosophical Terms. A Historical Lexicon.

PIKETTY, Thomas. Na Grécia, Europa decidirá seu futuro. Disponível em: http://outraspalavras.net/posts/piketty-na-grecia-europa-decidira-seu-futuro/ Acesso: 02-04-2017

PILLORGET, Suzanne. *Apogée et déclin des sociétés d'ordres: 1610-1787*. Paris, Librairie Larousse, 1969.

PLATÃO. *A República*. Introd. e notas de Robert Baccou. Trad. de J. Guinsburg. São Paulo: Difusão Européia do Livro, 1965. v. 1.

PLATON. La république. In: *Oeuvres completes*. Trad. nouv. Et notes par Léon Robin avec la collaboration de M. J. Moreau. Paris: Gallimard, 1950. t. 1; trad. port., aqui adotada.

QUEIROZ, Eça. *Correspondência consular*. Lisboa: Cosmos, 1994.

RADBRUCH, Gustav. *Arbitrariedad legal y derecho supra legal*. Trad. de Maria Isabel Azareto Vasquez. Buenos Aires, Abeledo-Perrot, 1962. Título original: Gesetzliches Umrecht und Übergesetzliches Recht
_____. *Filosofia do direito*. Trad e Prefácio de L. Cabral de Moncada. 4ª ed. rev. aum. Coimbra: Arménio Amado, l961. Título original: Rechtsphilosophie.
_____. Le relativisme dans la philosophie du droit. *Archives de philosophie juridique* 4(1-2) :105-6, 1934.

RAMONET, Ignacio. *Guerras do século XXI: novos temores e novas ameaças*. Trad. de Lucy Magalhães. Rio de Janeiro: Vozes, 2003. Título original: Guerres du XXe Siècle – peurs et menaces nouvelles.

_____. La pensée unique. *Le Monde Diplomatique*, Paris, jan. 1995.

RATNER, Michael. Quand les États Unis immolent leurs libertés. *Manière de Voir – Le Monde Diplomatique*, Paris, oct.-nov. 2003.

REALE, Miguel. *Lições preliminares de direito.* 27ª ed. São Paulo: Saraiva, 2002.
_____. *Nova fase do direito moderno.* São Paulo: Saraiva, 1990.
_____. *Teoria tridimensional do direito.* 2ª ed. revisada   São Paulo: Saraiva, 1979.

RICOEUR, Paul. *Interpretação e ideologias.* Tradução, organização e apresentação por Hilton Japiassu. Rio de Janeiro: Francisco Alves, 1977.

RIFKIN, Jeremy. *A terceira revolução industrial. Como o poder lateral está transformando a energia, economia e mundo.* Trad. de Maria Lúcia Rosa. São Paulo: M.books do Brasil, 2012. Título original: The third industrial revolution.

RIVIÈRE, Philippe. Démolisseur des libertés américaines. *Le Monde Diplomatique*, Paris, mars 2003.

ROMMEN, Heinrich. *L'eterno ritorno del diritto naturale.* Traduzióne e prefazióne per Giovanni Ambrosetti. Roma: Studium, 1965. Traduzióne di: Die Ewige Wiederkehr des Naturrechts

SÁBATO, Ernesto. *Hombres y engranajes.* Buenos Aires: Espasa-Calpe; Barcelona Seix Barral, 1993.

SALDANHA, Nelson. O que é o liberalismo. In: *Estado de direito, liberdades e garantias (estudos de Direito Público e Teoria Política).* São Paulo: Sugestões Literárias, 1980.

SANDRONI, Paulo, org. *Novíssimo dicionário de economia.* 12ª ed. São Paulo: Best Seller, 2003.

SANTOS, Boaventura de Sousa. *Um discurso sobre as ciências.* 8ª ed. Porto: Afrontamento, 1996

SANTOS, Hermes dos. Prefácio à edição portuguesa de SMITH, Adam. *Inquérito sobre a natureza e as causas da Riqueza das Nações.* Lisboa: Fundação Calouste Gulbenkian, 2010.

SARLET, Ingo Wolfgang. *Dignidade da Pessoa Humana e Direitos Fundamentais na Constituição Federal de 1988*. 9ª ed. rev. atual. Porto Alegre: Livraria do Advogado, 2012.

SÁVIO, Roberto. Grécia: a verdade sobre o "resgate". Disponível em: http://outraspalavras.net/posts/grecia-a-verdade-sobre-o-resgate/ Acesso em: 17-03-2017

SILVA, Ana Beatriz Barbosa. *Mentes consumistas: do consumismo à compulsão por compras*. São Paulo: Globo, 2014.

SÓFOCLES. *Antígona*. Trad. Barão de Paranapiacaba. Rio de Janeiro: E. Bevilacqua, 1909. Cf. MATA-MACHADO, Edgar de Godoi. *Elementos de teoria geral do direito*. Belo Horizonte, Veja, 1972.

STONE, Julius. *The Province and function of law*. Cambridge, Mass.: Harvard University Press, 1950.

SÜSSEKIND, Arnaldo. *Curso de direito do trabalho*. Rio de Janeiro: Renovar, 2002.

TRUYOL Y SERRA, Antonio. Fundamentos de derecho natural, reproducción de l'articulo "Derecho Natural" publicado en la *"Nueva Enciclopedia Jurídica"*. Barcelona: F. Seix, 1949. Cf. Días, Elias. *Sociología y filosofía del derecho*. Madrid: Taurus, 1976.

TSIPRAS, Alexis. "O que está em jogo em Atenas". Disponível em: http://outraspalavras.net/posts/%e2%80%9co-que-esta-em-jogo-em-atenas%e2%80%9d/ Acesso em: 04-04-2017.

VOLTAIRE. *Dictionnaire philosophique*. Chronologie et préface par René Pomeau. Paris: Garnier- Flammarion, 1964.

WALLERSTEIN, Immanuel. Ecologia e custos capitalistas de produção: sem saída. In: _____*O fim do mundo como o concebemos – Ciência social para o século XXI*. Trad. de Renato Aguiar. Rio de Janeiro: Revan, 2002. Título original: The End of the World as We Know it.

WEINGARTNER NETO, Jayme. *Liberdade religiosa na Constituição: fundamentalismo, pluralismo, crenças, cultos*. Porto Alegre: Livraria do Advogado, 2007.
_____. *Privacidade e liberdade de imprensa: uma pauta de justificação penal*. Porto Alegre: Livraria do Advogado, 2002.

WIEACKER, Franz. *História do direito privado moderno.* Trad. de A. M. Botelho Hespanha. 2ª ed. rev. Lisboa: Fundação Calouste Gulbenkian, 1980. Título original: Privatrechtgeschichte der Neuzeit unter besonderer Berücksichtigung der deutschen Entwicklung.

Copyright © 2018 by Plauto Faraco de Azevedo

Coordenação Editorial / Design Gráfico
Clô Barcellos

Revisão
Press Revisão

Dados Internacionais de Catalogação na Publicação:
Daiane Schramm – CRB-10/1881

A994n   Azevedo, Plauto Faraco de
             Neoliberalismo: Desmonte do
             Estado Social. / Plauto Faraco de
             Azevedo. – Porto Alegre: Libretos,
             2018.
             200p.; 16x23cm.

             ISBN 978-85-5549-035-4

             1. Neoliberalismo. 2. Direito.
             3. Economia. I. Título.

                         CDD 340

Todos os direitos desta edição
reservados à Libretos Editora.
Rua Peri Machado, 222 bloco B, 707
90130-130 – Porto Alegre – RS
Fone (51) 32333804
libretos@libretos.com.br
www.libretos.com.br

Neoliberalismo

DESMONTE
DO ESTADO SOCIAL

Livro com 200 páginas, editado em Minion Pro Regular e ITC Franklin Gothic BT, impresso sobre papel offset 90 gramas, pela gráfica Pallotti de Santa Maria em junho de 2018.

Lib**r**etos